Wilhelm Scharrelmann · Katen im Teufelsmoor

WILHELM SCHARRELMANN

Katen im Teufelsmoor

Märchen und Geschichten

mit einer Einführung von
Fritz Westphal

CARL SCHÜNEMANN VERLAG · BREMEN

CIP-Kurztitelaufnahme der Deutschen Bibliothek

Scharrelmann, Wilhelm:
Katen im Teufelsmoor: Märchen u. Geschichten / Wilhelm Scharrelmann. Mit e. Einf. von Fritz Westphal. – 1. Aufl. d. Neuausw., 1.–5. Tsd. – Bremen: Schünemann, 1983.
ISBN 3-7961-1745-7

1. Auflage der Neuauswahl, 1.–5. Tausend

Einbandgestaltung von Hans Eisermann, Bremen, unter Verwendung eines Gemäldes von Otto Modersohn „Moorkate mit Ziege und Bäuerin" (Format 31×36 cm) aus dem ersten Worpsweder Sommer 1889
Mit freundlicher Genehmigung des Otto-Modersohn-Museums, Fischerhude
Zeichnungen von Willy Thomsen, Hamburg
Druck Siegfried Rieck, Delmenhorst
Bindearbeiten Bernhard Gehring, Bielefeld
Printed in Germany 1983
ISBN 3 7961 1745 7

Inhaltsverzeichnis

Einführung

Man hat Wilhelm Scharrelmann, der als Bremer Lehrer Schriftsteller wurde und auch nach Aufgabe des Schuldienstes im guten Sinne Lehrer und Wegweiser blieb, einen „Heimatdichter“ genannt. Das war nicht abwertend gemeint. Wir müssen es so verstehen, daß er wie auch andere ans Schreiben geratene Lehrer – Friedrich Griese, Ernst Wiechert, Karl Heinrich Waggerl und viele mehr – nicht die große Welt brauchte, um Wesentliches sagen zu können. Was ihn zur Darstellung drängte, das wuchs ihm aus unmittelbarer Umgebung zu, dem heimatlichen Raum: die Stadt Bremen, das Teufelsmoor und das Künstlerdorf Worpswede, in das er mit 53 Jahren übersiedelte. Hier wie dort waren es bevorzugt Menschen schlicht einfachen Gemüts, nicht selten Armselige, vom Glück und was immer man dafür hält Benachteiligte, Vergessene; auch schrullig-humorige Käuze gab es darunter, deren Schicksale ihn anregten, ob sie in Bremens „Pickbalge“ oder in der gottverlassenen Hütte im Teufelsmoor lebten. Das war Scharrelmanns Welt, und die genügte ihm – wobei zur Großstadt ergänzend gesagt werden muß, daß der Dichter in den fünfundzwanzig Lehrerjahren dort niemals richtig froh wurde; immer wieder auftretende schwere Erkrankungen wichen erst in seinem „Tannenhof“ am Weyerberg.

Wilhelm Scharrelmann brauchte die Weite nicht; er suchte Tiefe. Was ihm auf seinem langen Weg künstlerischen Schaffens begegnete, wurde immer stärker zu „Gesicht und Gleichnis“ – so der Untertitel in früheren Ausgaben der Erzählungen „Katen im Teufelsmoor“. Damit ist vom Dichter selbst deutlich gemacht, daß es ihm keineswegs genügte, Begebenheiten ernster wie heiterer, vergnüglicher wie bedrohlicher Art nur um ihrer selbst willen zu berichten; es ging ihm um das hinter den Dingen und Erscheinungen dieser Welt Stehende, um das Menschliche schlechthin, sei es nun göttlicher oder teuflischer Natur. So ist es auch verständlich, weshalb Scharrelmann in den „Katen" wie im nachfolgenden Buch „Die schöne Akelei" seine Geschichten als Märchen, Sage, Legende, Fabel und Schwank erzählte: in jeder dieser uralten Formen der Dichtung geht es ja niemals um „Wirklichkeit", sondern ausschließlich um „Wahrheit".

Nicht selten greift der Dichter auch vorhandene alte Fabel-, Sagen- und Märchenmotive auf, die er dann auf seine eigene Weise neu gestaltet. Eine Geschichte aus den „Katen" möge das verdeutlichen, zumal hier zugleich spezifisch Scharrelmannsches zum Ausdruck kommt:

Ein Kröger (Gastwirt) im Teufelsmoor nimmt ein junges Mädchen als Magd ins Haus, die so zuverlässig alles ihr Aufgetragene erledigt, daß er mehr als zufrieden ist, dazu so liebreizend, daß er sie eines Tages zur Frau begehrt und heiraten möchte. Die eigene Frau ist vor Jahresfrist gestorben, und die Magd hat bei seinem Kinde bereits Mutterstelle angenommen. – Eine zunächst ganz alltägliche Begebenheit, wie sie sich wohl häufig im Teufelsmoor zugetragen hat – und gewiß nicht nur dort.

Lassen wir Scharrelmann selbst weitererzählen: „Aber da ist über das Mädchen ein so jähes Entsetzen gekommen, daß ihm die Abendbrotschüssel, die es eben hat auf den Tisch stellen wollen, aus den Händen geglitten ist, und als es die Scherben verwirrt und hastig wieder aufgelesen, ist es ohne ein Wort hinausgegangen, hat Speise und Trank verschmäht und sich in seine Kammer eingeschlossen, so daß dem Kröger seine gutgemeinten Trostworte, an der Schüssel sei nicht viel gelegen und Scherben brächten ja Glück, im Halse stecken geblieben sind . . .“

Daß ein junges Mädchen die Werbung eines (älteren? häßlichen?) Mannes zurückweist, ist an sich nichts Besonderes, aber das jähe Erschrecken, nicht nur der Magd, auch des Krögers, weckt doch die Vermutung, daß hinter dieser entsetzten Verweigerung viel Tieferes als die landläufigen Gründe stecken könnte – Böses? Ungeheuerliches? Übersinnliches gar? – Das bisher so heitere Licht über der Erzählung verdunkelt sich, die Stimmung schlägt um, Angst zittert hindurch:

„Margret, Margret, wat wullt du dohn?
Wo bleev din Woort un wo blifft min Lohn?

Da weiß sie, daß es der Waterkerl ist, der nun unter ihr Fenster gekommen ist und sie an das Versprechen mahnt, das sie ihm gegeben hat.“

Der Wassermann. Und die Magd wird zur Lilofee, die sich aus unseliger Verstrickung – wie immer die Metapher „Waterkerl“ vom Leser gedeutet wird – nicht befreien kann. Eine Lilofee im Teufelsmoor. Und Scharrelmann erzählt von ihr in einer eigenen schlichten Geschichte, in die plötzlich etwas Unheimliches, Überwirkliches hineinströmt. Aber das bleibt versteckt in der Tiefe, wird wahrnehmbar nur für die junge Magd und hat auf die weitere Handlung keinen für jedermann erkennbaren Einfluß. – Das „tiefere Wissen“ haben in Scharrelmanns Erzählungen immer nur die Betroffenen selbst!

„. . . hat der verzweifelte Kröger sie in dem Wasser der alten Moorkuhle jenseits der Geestkämpe gefunden. – Die Leute sagen freilich, daß sie wohl nur eine heimliche und hoffnungslose Liebe gehabt und es darum nicht über sich gebracht habe, dem Kröger seinen Willen zu tun. – Aber die Leute reden ja vieles.“

So hat denn diese wirkliche, vordergründig durchaus vorstellbare und sogar leicht erklärliche Geschichte einen glaubhaften Schluß; – das „Geheimnis“ nimmt die Magd mit in ihren Tod. Wenn überhaupt eine Ausdeutung zulässig ist, dann allenfalls die, daß im Leben Kräfte auftreten können, denen dieser und jener Mensch nicht gewachsen ist, die ihn zugrunde richten. Nicht nur im Teufelsmoor; die Geschichten dieses Dichters weisen immer weit darüber hinaus. Und weit auch über die Zeit ihrer Entstehung in den dreißiger Jahren.

In seiner Sammlung von Geschichten „Katen im Teufelsmoor“, die nach Ansicht vieler „zum Feinsten gehören, was Scharrelmann überhaupt geschaffen hat“, möchte mancher sogar die Krönung des umfangreichen Gesamtwerkes sehen. Nicht zuletzt wegen der meisterhaften Erzählweise, die bei aller Schlichtheit in jedem Satz den richtigen Ton trifft. Seine Sprache ist plastisch, sehr farbig; sie kann aber auch burschikos derb zugreifen, wenn es dem jeweiligen Stoff – so in den Schwänken – entspricht. Feinheiten möge jeder für sich selbst entdecken.

Aber es muß auch gesagt werden, daß nicht jeder Leser, zumal ein jüngerer, spontan Zugang finden wird. Das mag vor allem daran liegen, daß wir durch unser allzuvieles „Analysieren“ und „Reflektieren“ von Märchen leider ein wenig verlernt haben, sie ganz einfach zu lesen, in uns aufzunehmen, uns von ihnen ergreifen zu lassen. „Es war einmal ein junger König“ . . . „Es war einmal ein Bauer im Teufelsmoor“ . . .

Ganz sicher ist aber auch, daß jeder Versuch, sich unvoreingenommen von Wilhelm Scharrelmann erzählen zu lassen, sich den einen und anderen Text, so seine zauberhaften Mond-Geschichten, durch den Kopf gehen zu lassen, lohnend sein wird, gewinnbringend über den Tag hinaus. Und wer da zu Anfang meint, daß diese „altertümliche" Sprache ihm ganz und gar nicht liege, der möge doch zunächst einfach blätternder Weise in diesem Buch spazieren gehen: unwillkürlich wird ihm ein plattdeutscher Satz, unverfälscht echtes Teufelsmoor-Platt, wie es noch heute dort gang und gäbe ist, geradezu ins Auge springen. In zahlreichen Geschichten wird Platt gesprochen, mit viel Witz und einfacher Leute Verstand.

Ich selbst bin über die folgenden Verse aus der Geschichte „Das Butterfaß" ins Lesen geraten:

Botter, Botter, Botterfatt,
buten drög un binnen natt,
Rumpedumpe, Holt un Steel,
botter wenig oder veel!

Der unheimliche Zwerg „Rumpedumpe" gibt Antwort:

Beckmanns Trina, wat röppst du mi?
Ick weet'n Kind, dat weent na di!

Wer wird nicht schmunzeln, wenn er die kluge Katze reden hört:

Hebbt se ok wat to eten kregen?
Jau.
Wat denn?
Kabeljau.

Nun hat zwar vieles, was so schalkhaft plietsch beginnt, ein völlig unerwartet böses Ende – seine Erzählung „Die kluge Katze“ ist für mich eine der großartigsten dieser Sammlung, zugleich aber auch die wohl erschreckendste – doch sind etliche Geschichten offensichtlich aus reiner Freude am munteren Fabulieren entstanden, unbeschwert heiter. Vergnüglich wird man sie zu Ende lesen. Und wer zuletzt lacht, lacht auch bei Scharrelmann am besten.

Fritz Westphal

Das Haus meiner Väter

Irgendwo in der hannoverschen Heide, in der ungeheuren Weite der Ebene, am Rande eines Moores, umrauscht von alten Eichen, steht das Stammhaus meiner Väter. Geschlechter auf Geschlechter sind darin geboren, sind über Diele und Flett gegangen, haben draußen dem kargen Boden ihre Ernten abgewonnen, sich in langen, einsamen Schneewintern am niedrigen Herde versammelt, haben geschnitzt und gesponnen und gewirkt und geschafft, so lange es Tag war für sie.

Uralt ist das Haus. Niemand erinnert mehr, wer von den Vätern es erbaute, und lange ist es her, daß ich es betrat.

Aber ich brauche nur die Augen zu schließen und ein wenig tiefer in mich hinabzusteigen, so hebt es sich aus den Erinnerungen meiner Kindheit empor, als hätte ich es nie verlassen.

Schwer lastet das Dach über den niedrigen Wänden, und dunkel lagert der First aus trockener Heide darauf. Leere Akkerwagen stehen vor dem Hause und glühen in der Sonne. Ihre Speichen sind so heiß, daß man sie kaum berühren mag. Aber auf der Diele ist es schattig und kühl. Stallpfosten stehen in langer Reihe im Dämmerlichte des langen Raumes. Mitten im Kopfsteinpflaster des Fletts raucht der niedrige Herd. Dort steht der Ahn', den Kopf über das Feuer geneigt, und kocht seinen Honig. Süß und würzig duftet es vom Herde her. Blauer Torfrauch erfüllt das ganze Haus und beizt die Augen, daß sie zu tränen beginnen.

Der Apfelhof liegt wie verzaubert in der Glut der Nachmittagssonne. An den Bäumen regt sich nicht ein einziges Blatt. Hinter den Obstbäumen aber beginnt die Heide, reckt sich, von dunklen Föhren beschattet, der „Krähenberg“ empor, liegt das „witte Meer“, weidet die Heidschnuckenherde, flammen Brambüsche in gelbem Feuer, trauern Machangeln in schwermütiger Versunkenheit; schwingt sich die Ebene wie ein ungeheures Rad um Hof und Haus, hängen regungslos und müde verlorene Wolken am Himmel, als hätten sie es aufgegeben, die grenzenlose Ebene, die sich unter ihnen weitet, zu überfliegen ...

Und dann der alte Zaun rings um das Gehöft. Eichenkratt wuchert auf dem Erdwall, den die Väter um ihren Besitz gezogen, und hoch reckt sich der Arm des alten Ziehbrunnens, den sie sich gruben. Blicke hinunter, wenn es dich nicht durchschauert, in sein dunkles Auge zu sehen, das zwanzig Klafter tief zu dir herauf blinkt.

Sein Wasser ist kühl wie Eis. Es brennt vor Kälte, brennt wie die Nesseln, die am Brunnenrande wuchern.

Märchen gehen hier um und treten aus allen Winkeln, Märchen und alte Gechichten ...

„Brennettelbusch,
Brennettelbusch so kleene,
Wat steist du hier alleene?
Ik hef de Tyt geweten,
Da hef ik dy ungesaden
Un ungebraden eten.“

O ja, der Hof hat auch die Not gekannt, so stattlich er auch unter seinen Eichen liegt! Langsam, unter Mühen und Plagen ist er gewachsen. Jahrhunderte sind über ihn dahingegangen, Krieg, Entbehrung, Mißwuchs, böse Zeit und Not. Aber seine Menschen haben sie nicht zu entwurzeln vermocht.

Wie der Pirol flötet! Sein gelbes Gefieder leuchtet im Sonnenschein, nun er hastig und scheu durch den Garten streicht.

„Kiwit, kiwit – wat förn schön’n Vagel bin ick.“

Eben kommt die Jungmagd vom Felde heim. Kaum, daß sie in ihre Kammer getreten ist, hör ich sie singen:

„Halt ein, halt ein, o Jägersmann –“

Hell klingt ihre Stimme bis in den Garten hinaus.

“Halt ein, halt ein, o Jägersmann –“

„Trina!“ ruft der Ahn', „help mi is den Ketel von't Für.“

Jäh verstummt das Singen, und eilige Holzschuhe klappern über den steinernen Boden im Flett.

Dann kommt sie aus der niedrigen Geißentür, die Melkeimer am Joch über den jungen Schultern, und geht durch den Apfelhof zur Kuhweide im Moorbruch hinüber.

Leise blüht das abgebrochene Lied wieder auf ihren Lippen auf:

„O junger Jäger, laß mich gehn,
Meine Mutter tät's verdrießen,
Sie sah uns wohl beim Brunnen stehn“ – –

Oh, sie hat gut singen! Ist sie nicht jung und frisch wie eine? In wenigen Tagen ist Pfingsten, und in der Frühe des Morgens wird vor ihrem Kammerfenster der Pfingstbaum prangen. Eine junge Birke wird es sein mit silbernem Stamm, flirrend im Frühlingswind. Heute steht sie noch am Rande der alten Torfkuhle draußen im Moor und beugt ihr helles, zitterndes Laub über das dunkle Wasser. Aber in einer der nächsten Nächte wird ihre Stunde kommen und ein Axthieb sie treffen, daß sie erschauernd niederbricht. Doch in der Frühe des Pfingstmorgens wird sie vor dem Fenster der Jungmagd stehen und leise im Winde erbeben, und am Abend, wenn das erste zage Welken über ihre Blätter und eine fremde, süße Müdigkeit über ihre Zweige kommt, wird sich jemand durch den Apfelhof an das Haus schleichen und leise an das Fenster pochen, vor dem sie steht und ihr Haupt demütig zur Erde neigt.

Dazu wird der Nachtwind in den alten Eichen hinter dem Hause rauschen, und Haus und Hof werden im Lichte des Mondes liegen, wie sie Jahrhunderte überdauerten.

O Haus meiner Väter! . . . Wenn in verworrenen und ruhelosen Nächten selbst der Glanz der Sterne hoffnungslos versinkt, geh ich im Traum oft sacht durch deine kühlen Räume, wie ich's als Kind in kurzen Ferientagen tat. Ich höre deine Eichen wieder rauschen und atme deinen Frieden wie in alten Tagen. So still und schwer wie deine Ackerbreiten liegen . . . Noch immer steht der Ahn' im Haus und lächelt leise, wie er zu meinen Kinderfragen lächelte. Ich gehe mit ihm durch den abendstillen Garten. Geheimnisvoll und schweigend sinkt der Tag, Lupinen duften süß vom Felde her, und wieder ist die Nacht mir tief und kühl – und Erd' und Himmel sind mir wieder eins.

Die drei Söhne

Vor Jahren hat in Worpswede einmal eine arme Witwe gewohnt, die in wenigen Tagen drei von ihren Kindern durch den Tod verloren hat, ist doch in dem feuchten Winter des Jahres damals die Halsseuche wie ein Würgengel durchs Teufelsmoor gegangen und hat in vielen Häusern ihre Opfer gefordert. Die drei andern jedoch, gesunde und kräftige Jungen, sind trotz der entbehrungsreichen Jugend, die sie durchlebten, nach ihrer Schulzeit auf den benachbarten Höfen in Dienst gegangen und später in die umliegenden Moordörfer gezogen, wo der eine hier, der andere dort eine Gelegenheit gefunden hat einzuheiraten, wodurch sie alle drei zu bescheidenem Besitz gekommen sind. Die Mutter aber, wenn sie auch an allen ihre Freude gehabt hat, hat doch immer ihren Stolz darein gesetzt, keinen von ihnen je um eine Beihilfe anzugehen, sich vielmehr in guten und schlechten Tagen auch weiterhin allein geholfen. Ja, zum Überfluß hat sie dabei noch einen Spargroschen auf den anderen gelegt und so mit den Jahren eine kleine Summe zusammengebracht, von der sie einmal hat bestattet werden wollen, wenn Gott sie zu sich gerufen haben werde, damit keiner ihrer Söhne, am wenigsten aber die Gemeinde, damit belastet würde.

Als sie nach ihrem arbeitsreichen Leben dann zuletzt ihrer Tage müde und vor Schwäche bereits bettlägerig ist und ein gestammeltes „Herr, bleibe bei uns, denn es will Abend werden" ihr zum täglichen Nachtgebet geworden ist, kommt eines Tages ihr Ältester zu ihr und rückt nach allerhand Hin und Her zuletzt damit heraus, daß er bei der Mißernte des Jahres in einige Bedrängnis geraten sei. Ob sie nicht jemand wisse, der ihm mit einer kleinen Summe und nur für einige Monate beispringen könne? Da kann die alte Frau nicht anders, denkt, daß einem Lebenden mit dem Gelde mehr gedient sei als ihr, und gibt ihm von ihrem Ersparten, will es auch bei Lebzeiten nicht zurück und bittet ihn nur, mit dem Betrag nach ihrem Ableben dafür zu sorgen, daß sie rechtschaffen in die Erde komme.

Ein paar Tage später kommt der zweite Sohn und bittet sie gleichfalls, ihm zu helfen. Seine einzige Tochter – das Patenkind der Alten – stehe vor ihrer Hochzeit, und wenn er sie auch nur bescheiden aussteuern könne, so wolle er sich doch nicht nachreden lassen, daß er es bei der Feier am Nötigsten habe fehlen lassen. Wieder denkt die Alte, was sein muß, muß sein, und das Kind soll am Tag seiner Hochzeit nicht ohne Freude sein, teilt, was ihr geblieben ist, und bittet auch den zweiten Sohn, bei ihrem Begräbnis das Seine zu tun.

Der ist aber noch nicht lange zur Tür hinaus, kommt der Jüngste, den sie immer besonders lieb gehabt hat, und stammelt: „Mutter, es ist nicht ganz leicht zu sagen, und du hast selber nicht viel – aber ich weiß mir sonst keinen Rat!" erzählt ihr, daß er den alten Vater seiner Frau vor kurzem ins Krankenhaus habe bringen müssen und welche unverhoffte Last ihm dadurch auferlegt worden sei. Da gibt die Mutter auch ihm, und wiederum wird ihr mit guten Worten und bereitwillig zugesichert, daß sie das Geld sobald wie irgend möglich zurückhaben solle. Sonst aber wolle er, wenn sie das Zeitliche gesegnet haben werde, bei ihrer Bestattung selbstverständlich dafür sorgen, daß alles dabei seine Richtigkeit bekomme.

Nun werden aber im Leben bekanntlich mehr Versprechungen gegeben als gehalten, und je näher einem jemand steht, desto weniger, glauben manche, brauche es damit seine Wichtigkeit zu haben. So schob auch nach dem Tode der alten Frau jeder ihrer Söhne seine Verpflichtung auf die beiden anderen, begannen sich doch alle drei darüber zu streiten, wem von ihnen die Verstorbene bei ihren Lebzeiten mehr zugewendet habe und bei wem darum auch die größere Verpflichtung liege. Nicht, daß auch nur einer von ihnen etwa streitsüchtig oder sonstwie von böser Gesinnung gewesen wäre. Nur daß ihre Sorge, gegeneinander benachteiligt zu sein, größer war als ihre Treue zu ihrem Wort, so daß sich zunächst die Gemeinde und später der Richter der Dinge annehmen mußte – wodurch wieder einmal erhärtet war, daß eine arme Mutter in Fleiß und Liebe wohl drei Söhne aufziehen kann, diese einander aber zuweilen gern den Vortritt lassen, wenn es darum geht, ihr ein wenig von der Liebe zu vergelten, die ihnen einmal erwiesen worden, und die für eine Mutter allzu selbstverständlich ist, als daß sie je auch nur das kleinste Wort darum verlöre.

Der Zinnteller

Einmal, es ist in einem Hungerjahr gewesen zur Winterszeit und hat so scharf gefroren gehabt, daß alle Gräben bis in den schwarzen Moorgrund hinein zugefroren gewesen sind, sitzt die junge Frau eines armen Holzschuhmachers im Teufelsmoor abends noch spät und mutterseelenallein auf der Diele an ihrem Herde und wartet auf ihren Mann. Der ist im Nachbardorf auf Arbeit gewesen. Aber die Stunden vergehen, und er kommt nicht und kommt nicht. Zuletzt gibt sie es auf und denkt, er ist vielleicht bei seinen Verwandten über Nacht geblieben; stellt ihr Spinnrad und die Wolle an die Seite, nimmt die Pfanne vom Nagel und will sich ein paar Bratkartoffeln zum Abendbrot machen.

Da es aber in der Zeit gewesen ist, daß sie ihr erstes Kind erwartet hat und sie seit langem Abend für Abend immer nur Bratkartoffeln gehabt hat, ist plötzlich ein so großes Verlangen nach etwas anderem über sie gekommen, daß sie sich gar nicht hat lassen können und alles darum gegeben hätte, wenn sie sich einmal wieder an einem Pfannkuchen hätte satt essen können. Sie hat aber nichts von dem, was dazu gehört, im Hause gehabt, nicht einmal ein Lot Mehl und nur ein einziges Ei, das eins ihrer wenigen Hühner trotz der Kälte und wohl nur aus Versehen gelegt hatte.

Wie sie aber noch sitzt und in den blauen Rauch des Feuers blickt und mit sich kämpft, ob sie sich nicht wenigstens das Ei zu ihren Bratkartoffeln in die Pfanne schlagen soll, hört sie plötzlich Schritte beim Hause, meint, daß ihr Mann doch noch gekommen ist, und geht hin und stößt den Riegel von der Tür.

Als sie aber hinausguckt, sieht sie einen Fremden draußen stehen, der trägt einen Sack auf dem Rücken und steht da so weiß wie ein Müllerknecht, der eben aus der Mühle kommt.

Da meint sie, daß es ein Handelsmann ist, der bei dem Schnee vom Wege abgekommen ist, wundert sich freilich, daß so einer noch zu so später Stunde unterwegs ist, mag aber nicht weiter fragen und sagt nur:

„Kumm rin und warm di."

Das hat der Mond – denn er ist es gewesen – bei der bitterkalten Nacht nicht ungern gehört, ist doch ein Ostwind über das Moor gegangen, so rauh und scharf wie eine Zweimännersäge.

Sie rückt nun sogleich die Kartoffeln vom Feuer, setzt die Pfanne auf den Tisch im Unterschlag, legt ein paar Gabeln auf und nötigt den Fremden mitzuessen. Er läßt sich auch nicht lange nötigen und langt zu, bescheiden und still und ganz in der Weise, wie er die Leute im Moor von jeher hat essen sehen.

Die Frau aber muß bei jedem Bissen an den Pfannkuchen denken, den sie so gern gegessen hätte, und seufzt über ihrem heimlichen Verlangen so laut auf, daß der Fremde sie fragt, ob ihr etwas fehle und er ihr helfen könne. Da erschrickt sie ein wenig, daß sie sich verraten hat, will aber nicht sagen, was sie bedrückt, und steht lieber vom Tisch auf, damit der Fremde aufhören soll, mit Fragen in sie zu dringen. Als er aber immer noch nicht abläßt, stößt sie zuletzt doch heraus, daß sie für ihr Leben gern einmal wieder Pfannkuchen äße, aber kein Mehl und nur ein einziges Ei im Hause habe, und muß sich darüber heimlich eine Träne aus dem Augenwinkel wischen.

Der Mond nun, kaum, daß er ihren Wunsch vernommen hat, antwortet ihr, wenn sie weiter keinen Kummer habe, so solle ihr bald geholfen sein. Er wolle ihr einen Pfannkuchen backen, wie sie in ihrem Leben noch keinen gegessen habe.

Sie meint aber, daß es Spaß ist und sagt:

„Kannst du ok backen van wat und van nicks,
denn tühn man nich lang un back em man fix!"

hat aber nicht wenig erstaunt aufgesehen, als der Mond alles, was zu einem Pfannkuchen gehört, aus seinem Sack genommen, Wasser aus dem Eimer beim Herde geschöpft und in einer Schüssel aus dem Tellerrack an der Wand einen so herrlichen Teig bereitet hat, daß der Frau die Augen groß darüber geworden sind. Wie er dann den Kuchen in der Pfanne aufs Feuer gestellt und ihn auf beiden Seiten schön braun gebacken hat, ist der jungen Frau schon von dem Duft das Wasser im Munde zusammengelaufen, daß sie die Zeit nicht hat abwarten können, bis er fertig geworden ist und sie sich hat dahintersetzen können.

Wie sie noch ißt und gar nicht satt werden kann, wie ein hungriges Kind, sieht sie, wie der Fremde, ein zufriedenes Lächeln auf seinem breiten runden Gesicht, seinen Sack wieder zuschnürt und sich anschickt, weiterzuwandern. Da will sie sich gern dankbar erzeigen und ihm etwas schenken für seine Mühe und die herrlichen Zutaten zu dem Pfannkuchen und beginnt herumzukramen, was sie ihm denn wohl geben könne, und findet nichts Rechtes. Ohne Dank aber, mit einem bloßen Wort, soll der Fremde nicht gehen. Da fällt ihr zuletzt das Halstuch ein, das sie einmal von ihrer Mutter bekommen und immer sorgsam geschont hat. Das ist aus himmelblauer Wolle gewesen und mit Silberfäden durchwirkt. Wie sie es nun dem Monde schenken und es ihm bei der Kälte draußen selber gleich um den Hals legen will und dabei ganz dicht vor ihn hintritt und der helle Schein aus seinem Gesicht in das ihre fällt, wird ihr so wunderlich zu Sinn, daß sie meint, es sei ihr in ihrem Leben noch nicht so gewesen. Der Mond will aber ihr Tuch nicht nehmen, schüttelt nur den Kopf und geht so still zur Tür, wie er gekommen ist. Da wird sie traurig, daß er nun doch ohne Dank bleiben soll, und will ihm wenigstens den Weg zeigen, damit er sich nicht von neuem verirrt. Darüber hat der Mond lächeln müssen, so still und gut, wie nur er lächeln kann, hebt die Hand zum Gruß und ist schon sacht davon. Sie aber geht ihm nach und fühlt die Kälte nicht, kann ihn jedoch draußen nicht erreichen, soviel Mühe sie sich auch darum gibt. Da ruft sie zuletzt, er solle umkehren und einen anderen Weg nehmen, denn so laufe er in das tiefste Moor. Wirklich glaubt sie auch, daß er sie gehört hat und sich umwendet und wieder auf sie zukommt. Als er aber näher kommt, erkennt sie, daß es ihr Mann ist und nicht der Fremde, der vor sie hintritt. Der wundert sich nicht wenig, daß sie bei ihrem Zustand in Nacht und Schnee im Moore herumirrt, und meint, daß sie ihm hat entgegengehen wollen. Sie ist aber wie verstört und weiß nichts zu sagen und sieht ihren Mann nur immer groß an, daß ihm ganz fremd dabei wird.

Erst als er sie wieder ins Haus geführt hat, kommt sie zu sich und nötigt ihn an den Tisch, damit er den Rest von dem Pfannkuchen esse, den ihr der Fremde gebacken. Aber da ist kein Pfannkuchen gewesen, und nur der leere Zinnteller steht da und gleißt im Mondschein wie Silber.

Da hat es dem Mann keine Ruhe gelassen, und er ist noch in derselben Nacht auf die Nachbarschaft gegangen, ein wenig Mehl und Zucker zu dem Ei zu borgen, das seine Frau für ihn geschont hat, und hat ihr einen Pfannkuchen gebacken, so schön, daß sie still und mehr als satt davon geworden ist.

Wunder im Schnee

Zu der Zeit, als die Städte noch eng und verwinkelt hinter festen Mauern und Toren lagen, ist eine arme Magd aus der Gegend am Teufelsmoor in der Stadt Bremen bedienstet gewesen, hat aber eines Tages so das Heimweh gekriegt, daß sie es gar nicht hat verwinden können, und in der Nacht darauf, ohne von sich selber zu wissen, aus ihrem Bette aufgestanden ist und sich auf den Weg nach Hause gemacht hat.

Als sie nun durch die verschneiten Gassen an das Stadttor kommt, erschrickt sie, daß sie keinen Torpfennig hat, fürchtet sich auch, die Wächter zu rufen und sie zu bitten, sie um Christi willen hinauszulassen, und weiß nicht, was sie tun soll. Wie sie noch steht und im stillen hofft, daß ein anderer kommen und man das Tor aufschließen und sie mit hinausschlüpfen lassen werde, kommt der Mond die Treppe an der Stadtmauer herab, hebt auf den verwitterten alten Stufen seine Laterne in die Höhe und blickt ihr im Vorübergehen in das schmale Gesicht, das ihm so bleich entgegenleuchtet wie der frischgefallene Schnee. Sie meint aber, daß es einer der Torwächter ist, der einen Gang auf der Stadtmauer gemacht hat, und eine Angst überkommt sie, daß er sie ergreifen und in den Turm sperren werde, bringt darum kein einziges Wort über die Lippen und hebt nur flehend die Hände.

Der Mond aber, freundlich wie er zu allen verlassenen und kummervollen Seelen ist, versteht auch ohne Worte, was sie sagen will, nickt nur, legt den Finger auf den Mund und winkt ihr, ihm zu folgen. Da faßt sie sich ein Herz, mag aber ihren Augen nicht trauen, als sich das Tor, ohne daß der Alte Schloß und

Riegel berührte, so gehorsam und lautlos vor ihr öffnet, als würde es von einem Zauber bewegt. Kaum aber, daß sie hinausgegangen ist und sich nun wenden und ihren Dank sagen will, hat der Fremde seine Laterne unter den Mantel genommen und ist in der Dunkelheit schon wieder davon, unhörbar wie er gekommen, und das Tor hinter ihr ist wieder verschlossen, als hätte es sich überhaupt nicht aufgetan.

Da steht sie nun draußen in Nacht und Schnee und sucht den gütigen Helfer mit den Augen, kann aber keine Spur von ihm entdecken. Wie sie nun zuletzt ihres Weges weiterwandert und in dem traumtiefen Geschehen der Stunde keine Müdigkeit über sie kommt und sie dahingeht, als berührten ihre Füße die Erde kaum, sieht sie sich nach einer Weile vor dem Fluß stehen, der das Gelände der Stadt von dem ihrer Heimat trennt, und erschrickt von neuem, daß sie ja auch dem Fährmann die Überfahrt nicht zahlen kann, hebt aber doch die Hand an den Mund und ruft mit einer Stimme, die viel zu zart und windverloren ist, als daß der Fährmann sie drüben in seinem Schlage hätte vernehmen können, ein Hal–över! über das nachtdunkle Wasser.

Aber siehe da, kaum ist ihr Ruf verhallt, löst sich drüben bereits ein Boot vom Lande und gleitet so leise zu ihr herüber, daß sie nicht einmal ein Plätschern des Wassers, geschweige denn ein Klirren der Kette oder ein Geräuch der Ruderstange hört. Weil sie aber den Fährmann seit ihren Kindertagen kennt, meint sie, daß er wohl gerade am Wasser zu tun gehabt habe und darum so schnell komme. Sie erstaunt aber nicht wenig, als sie sieht, daß statt des Fährmannes derselbe Fremde im Schiffe steht, der ihr vorhin aus der Stadt geholfen, so daß er ihr vielleicht doch vorausgegangen ist, und sie hat es nur nicht bemerkt, und eine kleine Freude steht in ihr auf, daß sie ihm nun doch noch ihren Dank sagen kann. Der Fremde aber lächelt nur zu den Worten, die sie sagt, bringt sie über das Wasser und ist wiederum verschwunden, als hätte ihn die Nacht verschluckt.

Da wandert sie wieder weiter durch Nacht und Schnee, wundert sich auch nicht, daß ihr nicht eine einzige Seele auf ihrem langen Wege begegnet, ist aber doch wie erlöst, als sie endlich vor dem Hause ihrer Mutter steht. Im Näherkommen will ihr freilich alles merkwürdig verändert und fremd erscheinen, und eine Ahnung überkommt sie, daß ihre Mutter vielleicht gar nicht zu Hause und zu Verwandten gegangen ist. Sie klopft darum auch weder an Tür noch Fenster, sondern bückt sich gleich vor der Schwelle, findet den Schlüssel auch an der gewohnten Stelle, wie sie es von ihren Kindertagen her kennt, wenn ihre Mutter einmal fortgegangen war. Auf der Diele aber weht ihr wieder ein so merkwürdiger Hauch entgegen, daß es sie durchschauert und sie kaum die Tür zur Stube öffnen mag. Drinnen im Alkoven liegt denn auch das Bett unberührt und strömt eine Kühle aus, als hätte schon seit Jahr und Tag kein Mensch mehr darin gelegen.

Wie sie noch steht und sich kaum zu rühren wagt in der tiefen Stille, die um sie ist, dringt plötzlich ein dumpfes Pochen an ihr Ohr, und sie meint, daß es der Schritt ihrer Mutter ist, die die Warf am Hause herauf und wohl gerade heimkommt, und steht in der Spannung des Augenblicks wie gelähmt – bis sie merkt, daß es ihr eigenes Herz ist, das so laut schlägt. Da weiß sie mit einem Male, daß ihre Mutter gestorben und vielleicht schon begraben ist, und niemand aus ihrem Dorfe hat in Sturm und Schnee den weiten Weg darum machen mögen, um es ihr anzusagen. Aber es kommt kein Laut aus ihrem Munde, bis sie in die Knie bricht und sich der Schmerz in ihr in einem Weinen löst, als hätte man sie geschlagen.

Wie sie noch liegt und das Gesicht in die kühlen Leinen des Bettes drückt, kommt der Fremde von vorhin zum drittenmal, guckt durch das Fenster in die Stube und ruft ihr zu:

„Du büst jung und se wör olt,
Du büst warm und ehr wör kolt,
Hör up, hör up to weenen!“

Sie weiß aber nicht, wer mit ihr spricht, meint, daß es einer der Nachbarn ist, der sie hat kommen hören, und antwortet:

„Ick keem alleen över Feller und Straaten,
Segg is, wo hewt ji min Moder laten?“

Da antwortet der Fremde draußen:

„Stah up un drög de Thranen din,
Se kunn nich tiedlebens bi di sin.“

Nun weiß sie aber für gewiß, was geschehen ist, und klagt in ihrem Schmerz:

„Un slöppt min Moder nu in ehr Graff,
So drögt kene Hand mi de Thranen mehr af!“

Da hält es den Mond nicht mehr, und er tritt zu ihr in die Stube, hüllt sie, die ohne Willen daliegt, in seinen Mantel und trägt sie still an den Ort zurück, von dem sie gekommen ist, legt sie dort wieder in ihr Bett und läßt sie sich ausweinen.

Als sie dann dort unter ihren Tränen erwacht und sich aufrichtet, weiß sie zuerst nicht, wo sie ist, bis sie merkt, daß es nur ein Traum war, den sie erlebte, und erkennt in ihrem jungen Herzen alles in einem: das Schicksal alles Lebens auf dieser Erde und den Abschied aller von allem, den Wandel der Sterne und den Tag und die Nacht, und daß alles so sein muß und darum im tiefsten richtig ist, und auch ihr Schicksal, klein und unbedeutend in den Augen der Welt, verbunden ist mit allem Geschehen auf dieser Erde und sie in ihrem Traum ein Leid erlebte, das an keinem vorübergehen kann, der in dieses Leben trat. Und wenn sie auch zugleich den Gedanken nicht hat loswerden können, daß es Wahrheit sei, was ihr der Traum angezeigt, steht sie doch gefaßt und ruhig auf und bittet die Frau noch in der Frühe: Laßt mich nach Hause, meine Mutter ist gestorben; und niemand hat es mir angesagt! Hat sich auch durch nichts davon abbringen lassen und sich trotz des tiefen Schnees sogleich auf den Weg gemacht.

In ihrem Dorfe aber hat man sich nicht wenig gewundert, wie still und gefaßt sie alles auf sich genommen hat, als man ihr sagen mußte, daß ihre Mutter in der Tat unverhofft gestorben und am Tage vorher bereits zu Grabe getragen worden sei.

Der Bauer und die Magd

Vor Jahren hat im einsamsten Teufelsmoor einmal ein armer Torfbauer gewohnt, der hat sieben lebendige Kinder gehabt, eins immer noch kleiner und hilfloser als das andere, und da er dabei seit Jahr und Tag Witwer gewesen ist, hat er allen sieben zugleich Vater und Mutter sein müssen. Weil aber ein Mensch nicht alles kann, hätte er trotz seiner Armut gern wieder eine Frau genommen, hat auch oft genug nach links und rechts gesehen, um eine zu finden, die er hätte fragen können. Aber da ist nicht eine gewesen, von der er hätte annehmen können, daß sie willens gewesen wäre, seine Kinder zu versorgen und zu ihm in seine ärmliche Kate zu ziehen, und eine Magd ins Haus zu nehmen, wäre ihm ewig zu teuer gewesen.

Nun hat eine halbe Wegstunde weit von seinem Hause ein Mädchen gedient, sanft und gut, die er um sein Leben gern zur Frau gehabt hätte. Er hat sie aber nicht fragen mögen und sich nicht einmal getraut, ernstlich an sie zu denken. Denn wenn sie auch nicht besonders schön von Angesicht und nur eine arme Magd gewesen ist, hat er doch gemeint, daß sie ihn auslachen und stehenlassen werde, wenn er jemals hätte so verwegen sein wollen, sie zu fragen.

Als er nun in den Tagen vor Weihnachten mit seinem letzten Schiff voll Torf zur Stadt gefahren ist, um seinen Kindern zu den Festtagen wenigstens satt Brot auf den Tisch legen zu können, hat das älteste seiner Kinder, ein Mädchen von gut neun Jahren, nachdem es seine Geschwister hungrig zu Bett gebracht und auf den Morgen vertröstet hat, sein Umschlagtüchlein genommen und ist zum Hause und ins Moor hinausgewandert, ob es nicht irgendeine Hilfe fände und eine mitleidige Seele ihm ein Brot für seine Geschwister schenken werde. Wenn es dabei auch keine Furcht gekannt hat und der Weg ihm trotz der Dunkelheit zuerst vertraut genug gewesen ist, hat es sich zuletzt doch verirrt und nicht mehr gewußt, wohin es sich hat wenden sollen. Als es nun stehenbleibt und nicht weiß, was es tun soll, um sich wieder zurechtzufinden, sieht es auf dem Schiffgraben, an den es gelangt ist, ein Torfboot näherkommen, kann aber, vor dem Lichtschein der Laterne darin, nicht recht erkennen, wer es ist, der es stakt, meint, daß es sein Vater ist, der unerwartet früh von der Stadt zurückkommt, und läuft ihm in Freude entgegen. Als es aber näherkommt, erkennt es, daß es ein Fremder ist, der da so schweigend und gespenstisch auf es zutreibt, erschrickt und will schnell in das Dunkel zurück. Der Fremde aber ruft die Kleine, so eigen in Wort und Stimme, daß sie sich nicht zu rühren wagt, steigt zugleich aus, leuchtet ihr mit seiner Laterne ins

Gesicht und fragt sie, ob sie nicht die kleine Anne Tölken ist aus der Kate drüben am Stau.

„Ja", antwortet sie, „das ist sie", und ist nicht wenig froh, daß der Fremde sie kennt und darum aus der Gegend sein muß, und wird nach wenigen Worten so vertraut, daß sie alle Furcht vergißt, auf seine Fragen ganz offen antwortet und ihm erzählt, daß sie ihre kleinen Geschwister heute ungegessen habe schlafen legen müssen, auch wie sauer es ihr Vater habe, seine sieben mutterlosen Kinder großzukriegen.

„Hm", brummt der Fremde da und pliert über sie hinweg ins Dunkle, als müsse er über etwas nachdenken.

„Komm", sagt er dann. „Wir wollen einmal fragen gehen, ob nicht in den Häusern drüben jemand schon zum Feste gebacken hat", nimmt die Kleine an die Hand, geht mit ihr zu der nächsten Warf hinauf – dort hat alles schon in tiefem Schlaf gelegen –, klopft an das Fenster, hinter dem die Magd schläft, und ruft:

„Margret, wullt du nich upstahn?
Söben lütte Kinner willt ünnergahn!"

Sogleich antwortet es aus der Kammer:

„Söben lütte Kinner sind mi to veel,
Söben lütte Kinner kriegt sacht ehr Deel!"

Da geht der Fremde mit der Kleinen zum nächsten Hause, klopft auch hier wieder ans Fenster und ruft:

„Aleid, wullt du nich upstahn?
Söben lütte Kinner willt ünnergahn!"

bekommt aber dieselbe Antwort wie das erstemal:

„Söben lütte Kinner sind mi to veel,
Söben lütte Kinner kriegt sacht ehr Deel!"

Also müssen sie wieder weiter, und der Fremde geht mit der Kleinen zum dritten Hause:

„Marie, wullt du nich upstahn?
Söben lütte Kinner willt ünnergahn!"

Da hören sie, daß jemand drinnen ans Fenster kommt und herausruft:

„Ünnergahn, dat schüllt se nich,
Leet se ok alle Welt in Stich!"

Als der Fremde mit der Kleinen nun vor die Tür tritt, kommt die Gerufene auch schon aus dem Hause, und wenn sie auch noch verwirrt ist von Traum und Nacht und nicht weiß, was sie tun soll, hat sie doch im Vorbeigehen ein Rosinenbrot, wie es zu der Zeit zu Weihnachten in den Häusern gebacken wurde, mit herausgebracht, als müsse das so sein, und reicht es dem Kinde. Als aber dabei der Kleinen der Schein der Laterne ins Gesicht fällt und sie erkennt, daß es niemand anders als die kleine Anna Tölken ist aus dem Hause am Stau, wird sie rot und blaß, will das Kind mit einem Worte trösten und nach Hause schicken und sagt:

„Büst du dat, lütt Anna? Gah hen man, min Kind,
So hell schient de Maon, un lies geiht de Wind!"

Denn sie ist es gewesen, die der Vater der Kleinen am liebsten zur Frau genommen hätte, und wenn ihr auch niemand jemals ein Wort darüber gesagt hat, hat sie es doch im stillen gewußt und ihm an den Augen abgesehen.

Der Fremde dagegen ist in demselben Augenblick verschwunden, so daß sie mit der Kleinen allein unter dem sternflimmernden Nachthimmel steht und das Kind nun doch im Ernst nicht hat allein gehen lassen mögen. Als sie aber mit ihm geht und vor das Haus der Kleinen kommt, ist der Bauer gerade aus der Stadt zurückgekommen und will schon davon, um seine Älteste zu suchen. Wie nun der Schein des Feuers vom Herde durch die offene Tür auf die beiden fällt, die ihm entgegenkommen, erschrickt er, wie vorhin die Magd, weiß nicht, was er tun und sagen soll, und stottert:

„Bliw buten Marie, bliw buten min Deern –
Söben lütte Kinner, wer pleegt de woll geern?“

Da antwortet ihm die Magd, und ihr ist, als könnte sie nicht ein einziges Wort anders sagen:

„Din Kinner, Jan Tölken, up Hei un up Stroh –
Stund nich ok de Krippen in Bethlehem so?“

und geht an ihm vorbei mit der Kleinen ins Haus, als gehöre sie dahin.

Da ist über den Bauern eine so große Freude gekommen, daß er mit der Mütze in der Hand hinter ihr ins Haus gegangen ist, als schritte ein Wesen aus einer anderen Welt vor ihm her. Über ein Jahr aber ist die Magd seine Frau geworden und seinen Kindern eine Mutter, wie er sie treuer nicht hätte finden können.

Die kluge Katze

Vor Zeiten hat mal eine alte Frau in Worpswede gewohnt, „Kattenlena" genannt, die hat eine Katze besessen, die klüger gewesen ist als alle Tiere im Dorfe. War sie nach Katzenart einmal vor die Tür gelaufen, hatte einen Streifzug durch Garten und Feld gemacht und ihre Verwandten besucht und kam dann wieder nach Hause und die Frau fragte sie:

„Na, hebbt ji ok gode Unnerholung hat?"

so antwortete die Katze, und jeder der wollte, konnte es deutlich verstehen:

„'t weer man flau!"

„Och, dat is ja schad. Wo sind ji denn west?"

„Up Ratten Au!"

„Weeren ok Suldaten dor?"

„Jau!"

„Wat harrn se denn for'n Montierung an?"

„Blau!"

„Hebbt se ok wat to eten kregen?"

„Jau!"

„Wat denn?"

„Kabeljau!"

Jeder muß sagen, daß es eine kluge Katze war!

Nun ist mal im Dorf eine Hochzeit gewesen, und Kattenlena ist auch eingeladen worden. Wie sie hinkommt, sieht sie, daß ihr die Katze nachgelaufen ist, wird böse darüber und sagt zu ihr:

„Gah na Hus, ole Katt!"

Die Katze hat aber nicht gehorchen wollen und ist in die Geschirrkammer gelaufen und hat sich dort unter den Tisch gesetzt, um zu guter Zeit ein paar der Schüsseln abzulecken, die man hereingetragen hat.

Als nun die Hochzeitsfeier in vollem Gange ist und die Musikanten auf der Diele spielen, daß sich die Balken unter der Decke biegen, wird es der Katze unter ihrem Tisch doch allmählich zu ungemütlich und sie läuft auf die Diele hinaus, kriegt aber von den jungen Leuten nur Tritte mit den Stiefelabsätzen, denn am Hochzeitstage darf der Braut keine Katze über den Weg laufen. Darüber ist das Tier zuletzt in die Stube geflüchtet und von dort in die Kammer. Da ist es so dunkel gewesen und so einsam und still, daß sie die Mäuse im Bettstroh hat piepen hören können, und das ist für eine Katze die schönste Musik, die zu denken ist.

Wie nun der Tanz zu Ende ist und auch die letzten Gäste nach Hause gegangen sind, kommt die alte Großmutter herein, die in der Kammer ihr Bett hat, und will schlafen gehen. Die ist so geizig gewesen, daß sie sich lieber einen Finger abgebissen hätte, als auch nur einen Groschen auszugeben, wo es nicht bitter nötig gewesen ist. In dieser Nacht aber ist sie so vergnügt wie noch an keinem Tage, hat immer nur ihre Hände gerieben und vor sich hingemurmelt: „Söbenhunnert Daler! Söbenhunnert Daler!" Damit hat sie die Mitgift gemeint, welche die junge Frau ins Haus gebracht hat. Da antwortet ihr die Katze unter dem Bett:

„Stimmt dat ok sau?"

Da ist die Alte mißtrauisch geworden, ob sie sich auch vielleicht versehen hat, ist noch einmal in die Stube zurückgekehrt und hat das Geld von neuem nachgezählt, das ihr Sohn von dem Brautvater bekommen hat.

Als sie damit zu Ende ist, trumpft sie auf und sagt:

„Mi bedrögen to laten, bin ik to slau!"

Antwortet die Katze:

„I, Moder, wat sind ji doch eenmal genau!"

Da ist die Alte zufrieden und geht zu Bett, kann sich aber immer noch nicht lassen vor Freude und fängt von neuem an zu murmeln:

„Söbenhunnert Daler, söbenhunnert Daler, akrat un genau!"

Mahnt die Katze unter der Bettstelle:

„Nimmse mit to Bett, denn hest din Rauh!"

Darüber wird die Alte ärgerlich, greift nach dem Besen und jagt die Katze hinaus.

Die huscht über die Diele und springt auf die Hille. Darunter hat die Magd ihr Bett, sitzt noch, flicht ihre Zöpfe für die Nacht und singt dazu:

„De Wind, de gung week, un de Nacht wör so lau!"

Schreit die Katze von der Hille:

„Bi Nacht sünd alle Katten grau!"

Da greift auch die Magd nach einem Besen und jagt die Katze gleichfalls davon. Die springt an ihr vorbei und schlüpft durch die Tür – die hat nur angelehnt gestanden – in die Kammer der Brautleute hinein.

Benommen und dumpf von Tanz und Feier sind beide noch nicht schlafen gegangen, und die Braut hat Tränen in den Augen, hat sie doch den ganzen Abend an den anderen denken müssen, den sie in Wahrheit geliebt hat und nicht hat nehmen dürfen, weil er nur ein armer Knecht gewesen ist, und seufzt, preßt die Hände aufs Herz und denkt:

‚Wi hett he mi küßt dar günnen bi'n Stau!"

Antwortet die Katze:

„Un hest em verraen vor Dag un vor Dau!"

Da schrickt sie zusammen, sagt zu ihrem Manne, daß sie der Katze noch zu trinken geben will, damit niemand auf ihrer Hochzeit durstig geblieben sei, und geht über die Diele in die

Milchkammer. Wie sie hineintritt, sieht sie im Schein des Vollmondes einen Schatten am Fenster, und es wird ihr so schwach darüber in den Knien, daß sie sich an die Wand lehnen muß, deckt die Hand vor die Augen und flüstert:

„Weerst du dat, min Lars, un sturwft du so gau?"

Antwortet die Katze, und ihre Augen funkeln:

„Kiek man hinut, he hangt all in'n Tau!"

Da kommt ein Entsetzen über sie, und ein Schauder läuft über ihre jungen Schultern.

Als sie nun wieder über die Diele kommt und der helle Mond scheint durch die Fensterruten, sieht sie auf dem Tische im Unterschlag noch die Kerzen stehen, die auf ihrem Trautisch gebrannt haben. Da zuckt ein Gedanke in ihr auf, und sie geht hin und zündet die Lichtstümpfe wieder an und steht so eine Weile und nimmt die beiden Leuchter in die Hände und weiß selber nicht, soll sie oder soll sie nicht?

Da hört sie wieder die Stimme der Katze, die schreit:

„Wat besinnst du di veel? Man tau, man tau!
Is genog up'n Balken, Stroh un ok Hau!"

Da kann sie nicht anders und wendet sich, läuft über die Diele und wirft mit einem Schwung die brennenden Kerzen in das lose Stroh auf der Hille, so daß im nächsten Augenblick schon der helle Feuerschein durch das Haus fliegt.

Da ruft die Magd aus ihrer Kammer:

„Wat strahlt dör de Ritzen so geel und so blau?"

Schreit die Katze:

„Dat Füer schient so geel, un de Rook is so blau!"

Da stürzt auch die Alte aus der Kammer, hat die Mitgift der jungen Frau in die Schürze gerafft und ruft in ihrer Angst:

„Söbenhunnert Daler, ik tellt se genau!"

Antwortet die Katze:

„Verrekent hest di doch, nu sühst du et jau!"

Aber erst, als alle heil aus dem Hause sind, die Alte, der Mann und die Magd, fällt ihnen ein, daß die junge Frau noch drinnen ist. Aber niemand hat sich vor dem Qualm und der fliegenden Hitze noch einmal hineingewagt – und so hat keiner die Vermißte wiedergesehen.

Die Katze aber saß am anderen Morgen mit versengtem Haar neben der Brandstelle beim Soth, und als Kattenlena kam, die mit ihr zu reden verstand, und sie fragte:

„Wo bleew blot de Fro, ol Katte Mau?“

antwortet die Katze:

„Nu swig doch man still – se hett ehre Rauh!“

Der Mann im Mond

Im Teufelsmoor hat mal ein Torfbauer gewohnt, der hat Pierken geheißen, ein etwas rechthaberischer und aufgebrachter Mann, wenn er einmal ein Glas über den Durst getrunken gehabt hat. Der ist mal auf eine Kindtaufe geladen worden, und als er nach einer fröhlichen Nacht endlich nach Hause will, kann er den Weg nicht recht finden und biestert zwischen den Gräben und Kuhlen im Moore herum, als wäre er zum erstenmal in der Gegend.

Da begegnet ihm zuletzt der Mond, hat Mitleid mit ihm und sagt: „Hier mal her, ick bring di na Hus!"

Pierken, der so mißtrauisch gewesen ist wie alle Torfbauern, guckt ihn verächtlich von der Seite an und fragt: „Wat büst du för een?"

„Dat sühst du jo", antwortet der Mond und will ihn an die Hand nehmen.

„Lat mi los!" begehrt Pierken da auf. „Mit di will ick nicks to dohn hebben!"

„Worum denn nich?" fragt der Mond und wundert sich.

„Du büst ut de Stadt, du, hol mi man nich för dumm! Heest du nich Müllerstedt?"

„So ungefähr", nickt der Mond und muß lachen.

„Ja, Jung, ick kenn di woller, von wegen den Torf von vergahn Harfst, wo du mi dree Mark aftrocken hest, slecht meten und so! Du bist 'n ganz gewöhnlichen Europäer för mi, weest dat?" schreit er in dem Ärger, der wieder in ihm hochkommt, und greift nach einem Torfbrocken, um ihn „Müllerstedt" an den Kopf zu werfen.

Da denkt der Mond: „Is goot, denn sök du dinen Weg man alleen!“ klappt seine Laterne zu und läßt den guten Pierken im Düstern sitzen.

Der will sich in seiner Wut nicht merken lassen, daß ihm das etwas ausmacht, rennt stierköpfig weiter und stürzt denn auch kopfüber in eine Moorkuhle.

Darüber ist ihm nun kein kleiner Schreck in die Knochen gefahren, kann auch lange nicht wieder aufs Trockene kommen und arbeitet sich ab wie ein Toller.

Das hat dem Mond nun ja doch leid getan. Er kehrt also noch einmal wieder um, hilft Pierken heraus und sagt ihm, daß sie sich nun um den Torf nicht mehr streiten wollen und er sein Recht haben soll.

„Is good, ick bin keen Krakehler!“ antwortet Pierken und ist durch die Abkühlung und die freundlichen Worte nun so lenksam wie ein Kind, hält es aber in dem nassen Zeug nicht länger aus, beginnt kurzerhand sich auszuziehen, steht nun da, wie ihn der liebe Gott und das Moor geschaffen haben, und klappert mit den Zähnen.

„Kumm, hol' di nich de Influenza", sagt der Mond und gibt ihm seinen Mantel.

Wie sie nun ein Stück Wegs weitergegangen sind, kommt Pierken-Mutter den beiden entgegen, erkennt ihren Mann nicht, weil er ja den Mantel des Mondes um sich hat, und fragt die beiden:

„Hebbt ji usen Vatter nich sehn? Dat is nu bold Dag, und he is immer noch nich to hus!"

„Ja", schreit Pierken da, „gah man sacht hen, Mutter! He sitt do günnen an'n Weg und angelt Poggen!" und reibt sich vor Vergnügen die Hände, daß er nun doch eher nach Hause kommt als seine Frau.

„Wat kannst du eenmol lögen!" sagt der Mond und schüttelt den Kopf.

„Ja, Jung", kräht Pierken vergnügt, „dat mußt können, anners speelt se koppheister mit di!"

Als der Mond ihn nun glücklich nach Hause hat, fällt Pierken der Handel mit dem Torf wieder ein.

„Wo is dat nu", fragt er, „hest du Geld bi di?"

„Mehr als genog", antwortet der Mond, nimmt seinen Sack von der Schulter und setzt ihn mit einem Schwung auf den Boden.

Pierken guckt ihn an und ist sprachlos vor Erstaunen, aber auch so mißtrauisch wie immer, und sagt: „Mak mal erst upp!"

Da tütert der Mond seinen Sack auf und schüttet den ganzen Inhalt in die Stube, daß der sandbestreute Fußboden nur so von Silber blänkert.

„Dünnerwär!“ ruft Pierken. Er hat „Müllerstedt“ ja immer für einen reichen Mann gehalten, aber soviel Geld hat er ihm nun doch nicht zugetraut.

„Ick hebb ook veel nödig“, sagt der Mond. „Ick mak'n Reis' um de Eer, weest woll.“

„Nimm mi mit!“ sagt Pierken-Vatter.

O nein, die Reise daure länger, als Pierken wohl meint, und wenn er jetzt so mir nichts dir nichts davonginge, werde seine Frau gewiß untröstlich sein.

„Hähä!“ lacht Pierken, seine Frau werde gewiß nicht traurig darüber sein, dafür wolle er wohl einstehen.

Da läßt ihn der Mond in den großen Sack steigen, den er seit Olims Zeiten auf dem Rücken trägt, bindet ihn Pierken unter dem Halse zu, damit er nicht herausfällt, nimmt den Sack mit einem Schwung wieder huckepack und steigt wieder zum Himmel hinauf.

Seitdem sitzt Pierken-Vatter im Mond und macht die weite Reise mit, die der Mond am Himmel macht. Wenn ihr hinaufguckt, könnt ihr ihn sehen, wie er den Kopf aus dem Sack steckt und dem Mond neugierig über die Schulter guckt. Denn von da oben aus gibt es für ihn mehr zu sehen, als ihm beim Torfstechen im Teufelsmoor jemals vor Augen gekommen ist, kann ich euch sagen.

Wie das Teufelsmoor zu seinem Namen gekommen ist

Im Teufelsmoor, müßt ihr wissen, tragen nicht allein die Bauern Holzschuhe, sondern auch die Pferde, nur daß sie ihnen an den Hufen festgeschnallt werden müssen. Große Sprünge kann freilich ein Gaul in solchen Schuhen nicht machen, dafür sinkt er aber auch nicht so tief in den weichen Erdgrund ein, wenn es eine Fuhre aus dem Moor zu holen gilt.

Nun hat da mal, tief im einsamen Moore, ein alter Holzschuhmacher gewohnt. Zu dem ist eines Abends unvermutet ein Fremder gekommen, gekleidet wie ein Viehhändler und mit einem Stecken in der Hand, mit dem man zur Not einen Ochsen hätte niederschlagen können. Ohne Gruß, aber mit einem greulichen Fluch im Munde, ist er zu dem Alten auf die Diele getreten, hat Gegend und Weg nicht wenig verwünscht und ein Paar Holzschuhe verlangt, um damit besser über das Moor zu kommen. Er müsse noch vor Mitternacht nach Worpswede hinüber, das möge nun biegen oder brechen. Zugleich hat er vier blanke Silbertaler auf den Herdrand geworfen, sich ans Feuer gesetzt und die Füße von sich gestreckt, um sich das Maß nehmen zu lassen.

Der rechte Fuß des Fremden aber ist ein Klumpfuß gewesen und so schwer und hart wie ein Backstein, so daß sich kein passender Schuh dafür gefunden und der Alte, dem noch kein Mensch so viel Geld für ein Paar Moorschuhe geboten, keinen anderen Rat gewußt hat, als einen dafür herzusuchen, wie ihn die Pferde im Moore tragen. Der Fremde hat freilich ein saures Gesicht dazu gemacht, sich aber zuletzt den Schuh doch an den

Fuß schnallen lassen, den Alten aber eindringlich verwarnt, kein Wort über den Handel zu sagen und sich verschworen, ihm sonst das Genick umzudrehen.

Damit ist der Teufel davongegangen, hinaus in die sinkende Nacht, hat sich aber in dem unwegsamen Moore bald von neuem verirrt und nicht mehr gewußt, wohin er sich hat wenden müssen, um nach Worpswede zu kommen. Dazu haben ihn die Schuhe nicht wenig gedrückt, und ist so unbequem darin gegangen, als hätte man ihm ein paar Mühlsteine an die Füße gehängt.

Darüber ist ihm ein Torfbauer begegnet, der in der Stadt eine Kuh abgeliefert, auf dem Nachhausewege ein wenig des Guten zuviel getan und nun dem Frager in der Trunkenheit einen falschen Weg gewiesen hat. Also hat sich der Teufel noch tiefer verirrt als vorher, und so gut er alle Wege und Schliche kennt und noch durch Löcher zu schlüpfen vermag, durch die mitunter nicht mal eine Maus hindurch kann, tappt er doch zuletzt in der unbekannten Gegend umher, als spielte seine Großmutter Blindekuh mit ihm.

In seiner Not begegnet ihm zuletzt eine alte Frau, die ihre verheiratete Tochter besucht und im Kindbett verpflegt hat und nun vor Schlafenszeit noch wieder nach Hause will.

„Hallo!" schreit der Teufel, dem das kalte Moorwasser längst in die Holzschuhe gelaufen ist, daß ihn ein wahrer Höllenschauder geschüttelt hat, „wo geht der Weg zum Weiherberge?" In seiner Wut brüllt er aber so ungestüm, daß der Alten vor Schreck der Armkorb entfällt und sie davonläuft, daß ihr der Teufel auch nicht hätte folgen können, wenn er keine Holzschuhe an den Füßen gehabt hätte.

Wie er nun wieder allein im Dunkeln steht und sich vor Gift und Galle am liebsten selber aufgefressen hätte, kommt ein Kind des Weges, ein Mädchen von neun Jahren.

Das ist die Tochter des Holzschuhmachers gewesen, hat ihre

Ziege am Strick und will nach Hause. Die hält der Teufel an, zählt der Kleinen zehn blanke Silbertaler in die Hand, nimmt ihr dafür die Ziege ab und sagt: „Mach, daß du nach Hause kommst und guck dich nicht um!"

Die Kleine, die nicht weiß, wie ihr geschieht und ob sie lachen oder weinen soll, sieht aber noch, wie der Fremde die Holzschuhe von den Füßen schleudert, sich auf die Ziege setzt, sie bei den Hörnern faßt und ihr in die Ohren ruft:

„Hoppla hoch, du Hexenvieh,
trag mich hin, ich weiß nicht wie!"

Sogleich ist die Ziege mit ihrer Last auf dem Rücken davongesprungen, als ginge es nach einem langen Winter zum erstenmal wieder auf grüne Weide, über Torfhaufen und Moorkuhlen hinweg.

Im Reiten hat der Teufel nicht wenig gelacht und sich einen Dummkopf gescholten, daß er sich nicht schon vorhin ein solches Reittier besorgt hat und statt dessen auf Holzschuhen, schwerfällig wie eine Kröte, im Düstern herumgebiestert ist, hat aber ein mächtig dummes Gesicht gemacht, als ihn die Ziege statt nach Worpswede im Bogen herum zu dem Hause des Holzschuhmachers zurück und an dieselbe Stelle getragen hat, wo er sich vor ein paar Stunden die Holzschuhe hat anmessen lassen. Der Alte hat gerade die Tür geöffnet, um nach der kleinen Trin-Aleid zu sehen, die mit ihrer Ziege länger ausgeblieben ist, als sie sollte. Kaum hat er aber die Nase zur Tür hinausgesteckt, saust die Ziege mit dem Teufel auf dem Rücken ins Haus und macht mit einem solchen Ruck vor dem Herde halt, worauf der Teufel über die Hörner hinweg mit einem Hopsa in das offene Feuer fliegt, das auf dem Herde brennt, ein gewaltiger Funkenregen in die Höhe sprüht und die brennenden Torfstücke auseinanderfliegen, als hätte man Pulver ins Feuer geworfen. Darüber hat im nächsten Augenblick das Haus in

Flammen gestanden, als hätte das Wetter hineingeschlagen. Der Teufel aber ist mit einem Wutschrei, schlimmer als von neunundneunzig Katzen, in die Erde gefahren.

Die Hütte des Holzschuhmachers aber, könnt ihr euch denken, ist bis auf den Grund niedergebrannt, und der Alte hat noch Gott danken können, daß er mit dem nackten Leben davongekommen ist, hat aber sein Lebtag dem Teufel keine Holzschuhe wieder angemessen, sich auch an derselben Stelle kein Haus wieder bauen mögen und ist lieber nach Worpswede gezogen. Das Moor aber heißt heute noch das Teufelsmoor, denn dort, seht ihr wohl – weiß sich selbst der Teufel nicht zurechtzufinden!

Wie die Bauern im Teufelsmoor das Moorbrennen erlernten

Noch ein zweites Mal ist der Teufel ins Moor gekommen, und das ist so zugegangen:

Vor langen Zeiten war einmal einer der Gehilfen, die in der höllischen Welt beschäftigt werden, unbotmäßig gewesen und hatte des Teufels Urgroßmutter beleidigt. Da das zu dem Schlimmsten gehört, was sich jemand dort unten zuschulden kommen lassen kann, die üblichen Strafen im Reiche des ewigen Feuers und der qualmenden Dünste den dienstbaren Geistern des Teufels aber nichts anzuhaben vermögen und man nichts Ärgeres auszudenken wußte, verurteilte man den Übeltäter, zur Abkühlung seines Übermuts ein Jahr lang zu einem Torfbauern im Teufelsmoor in Dienst zu gehen. Man schnitt ihm darum kurzerhand Schwanz, Hörner und Klauen ab, zog ihm einen alten Knechtskittel und eine englischlederne Hose an und beförderte ihn mit einem Tritt nach oben.

Da stand er nun wenige Augenblicke später im dunkelsten Moor und blinzelte noch verdutzt in die Sonne, als er sich vom Teufel selber, der sich in die Gestalt eines Viehhändlers verwandelt hatte, beim Ohr genommen und vor eine einsam gelegene Kate gestubbst sah, wo sein Herr und Meister so herrisch an die Tür pochte, als hätte er hier das Kommando.

„Sucht er nicht schon lange einen Knecht?“ redete er den Torfbauern an, der aus seinem Sonntagnachmittagsschlaf geschreckt in der Tür erschien. „Hier hat er einen! Erspare er ihm keine Arbeit und lasse er ihn sich sputen! Zu verdienen braucht er nichts, die Seinen können es sich leisten, und es liegt ihnen nur daran, den Burschen einmal gehörig in Zucht genommen zu sehen, damit ihm nicht so bald das Fell wieder jucke!" gab dem Sünder einen Stoß, daß er ins Haus flog, und ging davon.

Der Bauer, verblüfft über die Art, wie ihm da ein Knecht ins Haus befördert wurde, freute sich nicht wenig, unvermutet zu einer so billigen Hilfe gekommen zu sein, wies dem Neuen seine Schlafstelle hinter dem Pferdestall an und nahm ihn am anderen Morgen gleich mit aufs Feld. Dort unterwies er ihn, wie man die nasse Torferde gräbt, auf dem Boden ausbreitet und mit den Füßen knetet, hinterher zu Soden sticht und in der Sonne trocknet.

Wenn der Bursche zu der sauren Arbeit auch kein freundliches Gesicht machte, griff er doch bald gehorsam zu , kam auch besser damit zurecht, als sich der Bauer zuerst gedacht hatte, nur daß ihm, als einem Sohn des ewigen Feuers, die Nässe unter seinen Sohlen einen Schauer nach dem anderen über den Bukkel jagte. Der Bauer dagegen ahnte nicht im mindesten, was für ein Gast ihm da ins Haus geraten war. Er wunderte sich nur, daß dem roten Gesellen, wenn er ein paar Augenblicke lang auf einem Flecke stand, ein leiser Dampf unter den Füßen emporzuquellen begann, von denen der eine einem Pferdefuß verzweifelt ähnlich sah. Mißtrauisch und im höchsten Maße verwundert sah der Bauer dem zu. Als er aber merkte, daß der Knecht seine Arbeit bald so geschickt verrichtete, als habe er sein Lebtag nichts anderes getan als Torf gegraben, tröstete er sich damit, daß man einem geschenkten Gaul nicht ins Maul sehe, und schwieg.

Dem armen Teufel wurde freilich mit jedem Tage deutlicher, warum man ihn zur Strafe hierher ins Moor gesteckt habe und wieviel einfacher und leichter es gewesen war, in seiner höllischen Heimat um die Pfannen mit siedendem Öl und Pech zu tanzen. Unter der schweren und ungewohnten Arbeit begann sich sein Rücken schon nach Wochen wie ein Säbel zu krümmen, und abends hatte er das Gefühl, durch eine Walkmühle gekommen zu sein. Da er aber ganz gut wußte, daß er in der Hölle so bald noch nicht wieder auf Gnade rechnen könne, blieb ihm nichts anderes übrig, als sich in das Unabänderliche zu schicken.

Zuletzt kam ihm ein Umstand zu Hilfe, den er bei aller Schläue nicht hätte ergrübeln können. Es gab nämlich gerade in dem Jahr einen Sommer, wie man ihn seit langer Zeit nicht mehr erlebt hatte, und die Sonne brannte wochenlang mit solcher Glut herab, daß selbst das Moor darunter auszudörren begann und seine oberste Decke von bräunlichem Moostorf wie trockener Zündschwamm unter den sengenden Sonnenstrahlen lag. Der Bauer rieb sich vergnügt die Hände. So gut und schnell hatte er noch in keinem Jahr seinen Torf trocken bekommen. Aber seine Freude verwandelte sich in Schrecken, als er eines Tages unter den Füßen seines merkwürdigen Knechtes statt der gewohnten Dampfwölkchen nunmehr wirkliche Feuerflämmchen emporzüngeln sah.

„Wat is dat?“ rief der Bauer entsetzt und schrie dem Knechte zu, die Flammen auszutreten. So gehorsam der Teufel nun auch umherzuspringen begann, machte er es doch nur schlimmer damit, so daß, wohin er auch treten mochte, der Boden nur stärker in Brand geriet und ein so beißender Rauch die Gegend zu überziehen begann, daß sich selbst die Sonne darüber verfinsterte.

Verzweifelt über das vermeintliche Unglück, das ihm da widerfuhr, jagte der wütende Bauer den funkensprühenden Knecht davon, und amtete erst wieder auf, als am Abend ein herabrauschender Regen den schwelenden Brand löschte. Er staunte aber nicht wenig, als er nach einigen Wochen bemerkte, wie eine Lage Buchweizenkörner, die ihm nach dem Brande aus einem schadhaften Sack in die noch warme Asche gefallen waren, so üppig zu wachsen begann, wie er es auf seinen armseligen und sauren Feldern noch nie gesehen hatte. Im Nachdenken darüber konnte er sich zuerst keinen rechten Vers darauf machen, bis ihm zuletzt doch so etwas wie ein Licht aufging. Kurz entschlossen bestellte er, ohne große Vorbereitungen weiter dafür zu treffen, die ganze abgebrannte Fläche mit Buchweizen und hatte eine Ernte, daß von allen Moorhöfen der Gegend die Leute kamen, um das Wunder anzustaunen. Im nächsten Sommer konnten seine Nachbarn kaum die Zeit abwarten, das Moor ein wenig abgetrocknet zu sehen, um nun ebenfalls das eine oder andere Stück ihrer Felder abzubrennen und so zu düngen.

So ist das Moorbrennen entstanden, und wenn die Leute im Teufelsmoor diesen alten Brauch heute auch nicht mehr ausüben und bessere Wege wissen, ihre Böden fruchtbar zu machen, war das Moorbrennen doch der erste Schritt dahin.

Dem armen Teufel aber war nichts anderes übriggeblieben, als wieder dahin zu gehen, woher er gekommen war, und da er dort wieder und wieder versicherte, genügend bestraft zu sein und reumütig Besserung versprach, nahm man ihn zuletzt, wenn auch immer noch widerwillig und knurrend, wieder auf. Des Teufels Großmutter freilich, unversöhnlicher noch als der Teufel, bestand darauf, daß ihr der Sünder, solange es dazu reichen werde, zur weiteren Buße jede Nacht eine Kiepe mit Torf im Teufelsmoor steche und in ihre Küche schaffe, wo auch die nassesten Torfbrocken in wenigen Minuten so pulvertrocken sind, wie man sie nur wünschen kann.

Das Butterfaß

Da ist mal eine Bauersfrau gewesen, die hätte Haus und Hof darum gegeben, wenn sie nur ein Kind bekommen hätte. Aber ein Jahr nach dem anderen ist hingegangen, und keines hat ihr den sehnlichsten Wunsch ihres Lebens erfüllt, so daß sie zuletzt alle Hoffnung aufgegeben und sich seufzend und vergrämt in das Unabänderliche zu schicken versucht hat.

Eines Tages nun, gegen den Herbst hin – es ist schon dämmerig gewesen –, steht sie noch auf der Diele am Butterfaß und will kirnen. Aber so fleißig sie auch ist und so unablässig sie den Stößer auf- und niederbewegt, will es nicht buttern. Da geht sie an den Herd, holt sich ein wenig warmes Wasser, schüttet es ins Butterfaß und denkt, nun wird es schon gehen. Aber soviel Mühe sie sich auch gibt, es will und will nicht buttern.

Bald darauf kommt ihr Mann vom Felde herein, sieht sie stehen und weinen und muß lächeln, als er hört, daß es nur wegen des Ärgers ist, den ihr diesmal das Buttern bereitet.

„Wenn es weiter nichts ist", sagt er und stellt sich selber ans Butterfaß. So unermüdlich er aber auch die Arme rührt, geht es ihm nicht anders damit, so daß er zuletzt ungehalten wird und sagt: „Entweder hast du zuviel warmes Wasser zur Sahne gegossen oder die Kühe sind verhext! Da soll der Teufel buttern!"

Darüber kommt die Mutter der Frau, die trotz ihrer Jahre noch immer das Regiment im Hause behalten hat, vom Kartoffelroden herein, schilt, daß alle beide nichts Rechtes verstünden, und stellt sich selbst ans Butterfaß. Wie sie nun steht und sich quält und doch nicht nachgeben will, fällt ihr ein alter Zauberspruch wieder ein, den sie als Kind von ihrer Großmutter gehört hat, denkt, vielleicht hilft es, wenn sie ihn sagt, und ruft, ärgerlich und verdrossen wie sie ist:

„Botter, Botter, Botterfatt,
buten drög un binnen natt,
Rumpedumpe, Holt un Steel,
botter wenig oder veel!“

Erschrickt aber nicht wenig, als sogleich nach ihren Worten Rumpedumpe hinter dem Herde erscheint, ein Kerlchen nicht größer als ein Holzschuh, ein spitzes Hütchen auf dem moor-

braunen Schädel. Es sieht alle drei aus schillernden Augen verkniffen und böse an und antwortet mit quäkender Stimme:

„Beckmanns Moder, wat röppst du mi?
Een Kind steiht buten, wat kennt ji't ni?"

und ist wieder davon, als hätte ihn der blaue Rauch über dem Herde verschluckt.

Da stehen sie nun alle drei, mögen sich gegenseitig nicht ins Auge blicken, und sind so betroffen, daß sie nicht wissen, was sie reden oder tun sollen. Haben sie doch alle drei gut gewußt, welches Kind Rumpedumpe gemeint, und daß der Mann aus der Zeit vor seiner Ehe ein Kind mit einer landfremden armen Magd gehabt hat, es aber selbst nach dem Tode der jungen Mutter nicht hat ins Haus nehmen dürfen, weil die Alte das nicht hat dulden wollen. Ja, er hat das Kind nicht einmal erwähnen dürfen, und alle drei haben es totgeschwiegen, als wäre es nie geboren.

Wie sie noch stehen und keines von ihnen aufzublicken wagt, faßt sich die Frau als erste ein Herz, nimmt den Stößer im Butterfaß und denkt, nun soll er auch ausdrücklich sagen, daß er niemand anders als Hinnerks Kind gemeint hat, beginnt wieder zu buttern und ruft gleichfalls:

„Botter, Botter, Botterfatt,
buten drög un binnen natt,
Rumpedumpe, Holt un Steel,
botter wenig oder veel!"

Wirklich erscheint der Kleine von neuem, antwortet aber diesmal:

„Beckmanns Trina, wat röppst du mi?
Ick weet'n Kind, dat weent na di!"

Aber die Frau gibt auch diesmal noch nicht nach – bis ihr Mann ans Butterfaß geht und den Spruch wiederholt, wie er ihn vorhin von der Alten gehört hat:

„Botter, Botter, Botterfatt,
buten drög un binnen natt,
Rumpedumpe, Holt un Steel,
botter wenig oder veel!“

Richtig taucht der Kleine zum drittenmal auf, ruft aber diesmal noch ärgerlicher als vorher:

„Beckmanns Hinnerk, wat röppst du mi?
Din Kind steiht buten – wat haolst du ’t ni?“

Nun ist für niemand ein Zweifel mehr, und der Kleine hat ausgesprochen, was die Frau seit langem gedacht und sich ersehnt hat, und hat auch als erste den Mut, es offen vor der Alten auszusprechen, tritt darum zu ihrem Mann und sagt: Dat mag nu gahn, as dat will! Und wenn ihre Mutter in ihrer Härte noch immer nicht damit einverstanden ist, daß die Kleine ins Haus kommt, so will sie lieber mit ihm von Haus und Hof gehen, als noch länger nachgeben, daß das Kind ohne seinen Vater und ihre Pflege bleibt. Ja, sie will die Kleine, die ihre Mutter am ersten Tage ihres Lebens verlor, als eigen annehmen und sie halten, als hätte sie sie selber geboren, und will den sehen, der ihr darein redet!

Da merkt die Alte ja, daß sie ihre Macht über ihre Tochter verloren hat, der Mann aber fällt seiner Frau vor Freude um den Hals und geht am nächsten Morgen mit ihr in die Stadt, um das Kind zu holen.

Von dem Tage an hat alles im Hause einen besseren Gang genommen als vorher, und auch beim Buttern hat man nie wieder Schwierigkeiten gehabt.

Mittsommernacht

Ein Abend kommt über die Wiesen, nur eben spürbar erst und noch blaß vom letzten Licht des sonnenheißen Tages. Aber nun im Osten eine Wolkenwand heraufsteigt, dunkel und lastend wie ein Alptraum, erscheint das Grün der Wiesen nur leuchtender, die Farben des Flusses und der Gräben nur kräftiger und die Dämmerung farbiger, als glühten die Dinge in dieser Stunde von innen auf und strömten alles Licht, das sie am Tage in sich sogen, in sanften Wellen wieder aus.

Im Fährhaus ist man beschäftigt wie in einem Bienenstock. Die Musikanten sind schon da, und leise wird die Pauke angeschlagen. Abendfreude und Erwartung erfüllen Haus und Garten. Unter den Bäumen hängen schon Papierlaternen, leuchtend bunt, wie übergroße Früchte. Leise schaukelnd bergen sie die Flammen ihrer dünnen Kerzen vor dem Abendwind.

Trumm, trumm – die Pauke wieder. Wie ein Pferd, das ungeduldig mit den Hufen klopft. Am Schanktisch, den man im Garten aufgeschlagen hat, klirren Gläser, Teller, Krüge. Ein Junge aus dem Dorfe, den man in einen weißen Kittel steckte und zum Kellner machte, irrt kopflos wie ein junger Hahn von Tisch zu Tisch.

Nun meldet sich die Teufelsgeige auch, brummt drohend auf und ist so ungeduldig wie die Pauke.

Auf dem Flusse kommen die letzten Boote von der Stadt herauf, langsam, mit schon gerefften Segeln, große, träge Schwäne. Ein Motorboot drängt hinter ihnen her und schiebt sich dann, als lohnte es die Mühe nicht zu halten, wieder in die Wiesenstille.

Jetzt, in der neugeschenkten Stille, geht die Dämmerung wie eine Wunderblume auf und liegt in mildem Blau auf Fluß und Wiesen, indes die Lampions in märchenhaftem Schimmer gelb und rot erblühen. Phantastisch schaukeln sie im Dämmerlicht der hohen Pappeln, die schwer über Haus und Fluß geneigt die vollen Sommerkronen in den Himmel türmen.

Noch immer will der Wind nicht ganz zur Ruhe gehen, und taumelnd schwanken die Papierlaternen, bis eine, allzu stark bewegt, in Flammen aufgeht, eine gelbe Fackel in der blauen Luft. Ein Mädchen kreischt an einem Tisch auf, als ihr die Aschenfetzen auf das weiße Tanzkleid rieseln.

Im selben Augenblick setzt die Kapelle ein. Die ersten Paare treten an. Man tanzt auf einem Bretterboden, den man auf die Wiese beim Hause legte.

Wieder geht ein Lampion in Flammen auf, ein dritter folgt und gleich darauf ein vierter . . . Aber dann vergißt der Wind sein Spiel und legt sich hinter der großen strohgedeckten Scheune schlafen.

Die Musik ist unermüdlich. Tanz folgt auf Tanz. Das Bandoneon quäkt, die Teufelsgeige brummt, das Schlagzeug mischt sich hell und herrisch ein.

Beim „treuen Husaren“ singt alles mit. Aber er liebt sein Mädchen schon nicht mehr ein halbes Jahr. Ein Vierteljahr tut es auch.

„Ein viertel Jahr und noch viel mehr –“

Heuduft weht von den Wiesen herüber, und groß und schweigend über kleinem Lärm steht nun die Nacht, mondlichtdurchflossen, rührt nur zuweilen mit leiser Hand die Pappeln an.

Ein paar Segler benutzen die Stunde und nehmen abseits von den Tanzenden im Fluß ein Bad. Aus dunklem Wasser leuchten wohlig entspannte Glieder, und Mondlicht rieselt über nasse Schultern.

Leise klirren die Ketten der fremden Boote, indes ein paar Torfschiffe, schwarz geteert und wie gespenstisch große Urwelttiere, in dumpfem Schlaf am Ufer liegen.

Auf dem Bretterboden drüben ein neuer Tanz, das Schlagzeug jetzt in einem Tempo, das den Atem nimmt. Wieder muß der Husar herhalten: „Die Liebe hat kein Ende mehr."

Die Papierlaternen haben weniger Bestand. Noch immer flammt hin und wieder eine auf, weht flackernd in die Nacht hinaus, indes die anderen allmählich still in sich verlöschen. Keiner achtet noch darauf. Augen und Sinne haben anderes zu tun.

Entfernt von den Tanzenden sitzt ein Liebespaar im Dunkel, Knecht und Magd, die arbeitsmüden Hände schlaff im Schoß. Strohblond der Mädchenscheitel. In den Augen der beiden brennt ein zehrendes Verlangen, aber sie sind im Arbeitszeug, beide, und von den Heuhaufen, die sie in ihre Torfboote luden, vorhin beim ersten Klang der Musik über die Wiesen gekommen. Nun trauen sie sich nicht näher hinzu und sitzen fremd und still von weitem.

Im Westen flossen Himmel, Fluß und Wiesen längst ineinander. Der letzte Schein des Abendrots verrann. Nur im Norden bleibt ein heller Streif am Himmel, ein letztes Leuchten des vergangenen Tages, zugleich ein Gruß dem neuen schon . . . Mittsommernacht!

Die junge Magd

Im einsamsten Teufelsmoor hat einmal ein Mädchen gedient, so sanft und gut, daß jeder es gern in seinen Dienst genommen hätte. Aber der Kröger, der es eines Tages – er sagt nie von woher – in sein Haus geholt hatte, hat viel zu gut gewußt, daß er so leicht keine Magd wiedergefunden hätte wie sie, und sie darum gehütet wie einen Schatz, auch nie gelitten, daß jemals einer der Gäste, wenn in der Wirtsstube einmal ein Glas über den Durst getrunken worden war, ein unziemliches Wort über sie gesagt hätte. Ja, als gegen den Herbst hin seine junge Frau bei ihrem ersten Kinde im Wochenbett gestorben ist und er jeden Tag von neuem gesehen hat, wie die Magd, so jung sie auch noch gewesen ist, sich seines Kindes angenommen hat, hat er geglaubt, keine bessere finden zu können, und sie eines Tages gefragt, ob sie, nun sie schon so lange Mutterstelle an seinem Kinde vertreten habe, nicht seine Frau werden wolle, er wolle es ihr an nichts fehlen lassen.

Aber da ist über das Mädchen ein so jähes Erschrecken gekommen, daß ihm die Abendbrotschüssel, die es eben hat auf den Tisch setzen wollen, aus den Händen geglitten ist, und als es die Scherben verwirrt und hastig wieder aufgelesen, ist es ohne ein Wort hinausgegangen, hat Speise und Trank verschmäht und sich in seine Kammer eingeschlossen, so daß dem Kröger der gutgemeinte Trost, an der Schüssel sei nicht viel gelegen und Scherben brächten ja Glück, im Halse steckengeblieben ist.

Ein paar Wochen danach aber hat sie ihm auf sein immer erneutes Drängen zuletzt doch mit einem scheuen Händedruck das Jawort gegeben. Aber die Schwermut, die gleich von den ersten Tagen an auf ihr gelegen, ist darüber nicht geringer geworden. Ja, alle Versuche des Krögers, sie aufzuheitern, und alle seine Bitten, ihm zu sagen, ob ihr vielleicht etwas fehle und warum sie nur immer so still und versonnen sei, haben die dunklen Schatten über ihrem Wesen nicht aufhellen können.

Kopfschüttelnd und mit leisem Seufzen hat ihr der Kröger von da ab zuweilen bei ihrer Arbeit zugesehen, sich zuletzt aber damit getröstet, daß es wohl nur ihre Jugend und die Schwermut sei, die früher oder später jeden einmal zu überfallen pflege, der in einer freundlichen Gegend aufgewachsen sei und ins Moor hinausziehe. Eines Tages werde sie diesen Zustand, den alle Moorbewohner kennen und der noch heute in der Gegend die „Moorkrankheit" genannt wird, ganz von selber überwunden haben und so heiter und aufgeschlossen werden, wie er es sich für sie gewünscht hat. Vielleicht hat er im stillen auch gemeint, daß schon die Hochzeit ihr einen Schritt dabei weiterhelfen werde, und darum nicht länger mehr gezögert, das Aufgebot zu bestellen.

Am Abend vor der Hochzeit aber, nach einem unruhigen und geschäftigen Tage – es ist eine Nebelnacht im Frühjahr und schon so spät gewesen, daß das letzte Viertel des Mondes wie ein gekenterter Kahn in der blauen Flut des Himmels trieb – sitzt das Mädchen noch in seiner Kammer und flicht sein langes weißblondes Haar für die Nacht ein, und ihr ist so sterbensmüde und schwer zu Sinn, daß sie einmal über das andere und so recht aus Herzensgrund aufseufzen muß. Da hört sie plötzlich ein dumpfes Pochen an ihrem Fenster, und als sie, noch im ersten Schreck, dasteht und kein Glied rühren kann, dringt von draußen eine Stimme herein, so dumpf und klagend und doch so mahnend und drohend, daß ihr die Augen darüber weit werden und die Blässe auf ihrem Gesicht noch um einen Schatten tiefer wird.

„Margret, Margret – wat wullt du dohn?
Wo bleev din Woort, un wo blifft min Lohn?“

Da weiß sie, daß es der Waterkerl ist, der damals in der alten Moorkuhle drüben hinter den Geestkämpen im Sumpfmoor gehaust hat und nun unter ihr Fenster gekommen ist und sie an das Versprechen mahnt, das sie ihm gegeben hat.

Am ersten Tage nämlich, als der Kröger sie damals in sein Haus geholt hat, ist sie am anderen Morgen, noch vor Tau und Tag, zum Melken hinausgegangen und in dem Nebel, der über dem Moor gelegen, vom Wege abgekommen und ins Sumpfmoor geraten und wäre darin versunken, wenn ihr der Waterkerl nicht noch im letzten Augenblick zu Hilfe gekommen und sie ihm in der Todesangst ihres jungen Herzens nicht dafür versprochen hätte, daß sie niemals einem Manne, dafür aber schon zu ihren Lebzeiten und zu jeder Stunde ihm allein gehören wolle, und ihm auch gelobt hat, niemand auch nur ein Sterbenswörtchen von ihrem Versprechen zu verraten. Scheu und in dumpfem Gehorsam hat sie ihr Geheimnis mit sich herumgetragen wie eine unsichtbare und schwere Last. Seitdem sie aber dem Kröger nachgegeben hat, ist es erst recht schlimm damit geworden.

Wie sie noch steht und daran zurückdenkt und das Gesicht des Waterkerls und seine Augen wieder vor sich sieht, hört sie ihn zum zweitenmal mahnen:

„Margret, Margret – wat wullt du dohn?
Wo bleev din Woort, un wo blifft min Lohn?“

Da geht ein Erbeben durch ihre jungen Glieder, und das Herz will ihr versagen, so schmerzhaft hart und langsam pocht es in ihrer Brust, daß es sie bis in die Schläfen hinauf schmerzt. Und als sie noch immer steht und nicht weiß, was sie tun oder sagen soll, hört sie dieselbe Stimme zum drittenmal . . . Da weiß sie, daß es kein Entrinnen für sie gibt und etwas Unabwendbares sich erfüllen will, zieht die Gardine vom Fenster zurück, stößt es auf und beugt sich in die Nacht hinaus. Aber wenn da auch niemand zu sehen ist und nur das Moor vor ihren Augen liegt, von Bodennebel zugedeckt und vom Mondlicht überglänzt, als hätte eine überirdische Hand die dunkle Erde in Traum und stille Verklärung gehoben, so ist nun doch in ihr kein Halten mehr, und was sie tun will, ist in ihr schon geschehen . . .

Leise und mit abgewendeten Sinnen verläßt sie das Haus, zieht ihr Brusttuch fester um die jungen Schultern und geht den Weg, den sie damals als ersten gegangen, nun als ihren letzten und wie in einem tiefen Traum. Und lächelt in der Befreiung, die in ihr ist, als wäre alles Schwere, das so lange auf ihr gelegen, nun mit einem Male und für immer von ihr genommen.

Erst zwei Tage später, nachdem man sie in der ganzen Gegend gesucht, hat der verzweifelte Kröger sie in dem Wasser der alten Moorkuhle jenseits der Geestkämpe gefunden.

Die Leute sagen freilich, daß sie wohl nur eine heimliche und hoffnungslose Liebe gehabt und es darum zuletzt nicht über sich gebracht habe, dem Kröger seinen Willen zu tun.

Aber die Leute reden ja vieles.

Die Zwirnjule

Lange vor Großvaters Zeiten ist in jedem Jahre einmal eine alte Frau in die Dörfer gekommen, die mit Nähgarn, Band und Knöpfen von Haus zu Haus gegangen und von den Leuten die Zwirnjule genannt worden ist.

Einmal – es ist gerade recht rauhes Wetter gewesen – kommt sie wieder in die Gegend, klopft bei dem ersten Bauern im Dorfe an und sagt: „Ick bin doch so möe, ick kann mi gornich helpen!", setzt sich auf die Schwelle der Tür und bleibt dort vor Erschöpfung sitzen.

Die Bauersfrau merkt ja nun, daß es mit der Zwirnjule nicht zum besten steht, und sagt darum: „Gaht se mal en Hus wieter, dar wahnt de Koster, de will ju woll plegen!"

Als sie zum Küster kommt – der hat neun lebendige Kinder gehabt – sagt er: „Och, lüttje Fro, dat is hier nich recht wat för jo. Min Kinner lat mit sülwst keen Rauh, gaht ton Paster 'nöber, de hett keen Kind und keen Küken und nimmt ju sachtens up."

Da sieht sie, daß sie auch bei dem Küster nicht bleiben kann, rappelt sich unter Stöhnen wieder auf und klopft bei dem Pastor an.

Der schickt sie aber auch wieder fort. Leid genug hat es ihm wohl getan, aber seine Haushälterin hat nicht wollen, daß die Zwirnjule bei ihr hat zum Sterben kommen sollen.

Da geht sie denn das ganze Dorf durch, und immer heißt es, sie soll nur ein Haus weitergehen, bis zum letzten, darin wohnt eine Häuslingsfrau, die hat ihren Mann im Kriege verloren gehabt und sitzt beim Feuer und wiegt ihr Kind. Die nimmt sie auf.

Richtig – am anderen Morgen tut sie in aller Stille ihren letzten Seufzer.

Als sie nun durch das dunkle Tor hindurch ist und auf die große Landstraße kommt, die uns allen noch bevorsteht, setzt sie sich auf den ersten Meilenstein am Wege und denkt: Rauh di mol erst'n Stremel ut.

Da stehen plötzlich zwei halberwachsene Jungen in hellen Kleidern vor ihr, gucken sie treuherzig aus klaren Augen an und sagen: „Twernjule, schust ton Heben rupkamen, Petrus het us herstürt, he lurt all up di."

Sie will aber nicht. Petrus hat ihr so manchen Kübel Regen über den Buckel gegossen, Hagel ins Gesicht geschmissen und sie wintertags im Schnee umgedreht, daß sie ihm das nicht vergessen kann, und sagt so recht bitter: „Leber will ick in de Höll', as in joen olen Heben inne Eck sitten!"

Da gehen die beiden hin und berichten Petrus, was die Zwirnjule ihnen zur Antwort gegeben hat.

Sie dagegen wandert zur Hölle hinab.

Weil aber die Teufel, die da unten am Höllentor sitzen, keine arme Seele einlassen dürfen, sie wäre denn vorher durch das Gericht gegangen, schlagen sie ihr die Tür vor der Nase zu und lassen die Zwirnjule draußen ramentern, so lange und so viel sie Lust dazu hat.

Da muß sie ja zuletzt wieder umkehren, setzt sich, eine Strecke entfernt, wieder am Straßenrand nieder und denkt: Wat is dat doch eenmol för 'ne Welt! und muß den Kopf schütteln.

Da kommen wieder ein paar Jungen zu ihr, größer als die beiden vorigen, und sagen wieder: „Tweernjule, schust ton Heben rupkamen, wi hebbt dor baben keenen Tweern mehr!" und sehen sie so recht freundlich dabei an.

Aber die Zwirnjule guckt nur tückisch und von der Seite zu

ihnen herüber und antwortet, ihr Zwirn wäre wohl zu grob für die Kleider da oben.

Sie wollen ihr das aber nicht gelten lassen und sagen: „Din Tweern is fin genog, kumm du man!“

Sie will aber durchaus nicht.

Nun hat Petrus jedoch den beiden den Auftrag gegeben: „Haalt mi de Tweernjule rup, dat mag gahn, as dat will. Se schall dor nich an de Straat liggen bliwen. Wenn de Herr dor mal vorbikummt un sütt dat!“

Sie wissen aber nicht, wie sie es fertigbringen sollen, kommen darum wie die beiden vorigen zurück und zucken mit den Schultern.

Da hört einer von den Kleinen, wie sie Petrus Bericht geben, und sagt zu ihm: „Lat mi mol hengahn, ick will se woll rupkriegen.“

„Wie wullt du dat woll anfangen?“ fragt Petrus.

„Och, dat findt sick“, sagt er und geht hin.

„Dag Tweernjule“, sagt er, als er vor ihr steht.

„Dag!“ sagt sie. „Wat wullt du Nackedei?“

„Oh – blot ’n beten bi di sin!“

Das hat ihr in ihrem ganzen Leben noch kein Mensch gesagt, und sie blickt schon ein wenig freundlicher.

„Dat is ’n Upstand dor boben in’n Heben!“ fährt der Kleine fort. „De Plünnen fallt us schier von’n Liwe, so olt, as de all sind“, und schielt zu ihr hinüber, ob sie nicht sagt, daß sie mit hinauf will und Zwirn verkaufen.

Sie antwortet aber nicht ein einziges Wort.

„Un mit Petrus is dat ok nich mehr uttoholen“, fängt der Kleine da wieder an. „He schellt und gnurrt den ganzen Dag! As ’n olen Käenhund!“

Das ist eine angenehme Musik für ihre Ohren, denn sie gönnt Petrus jeden Ärger, sagt aber immer noch nichts.

„Sit gistern will he nu ok dat Wäer nich mehr maken, de ol Knasterbort, un nu is dor numms, de dor Lust to het.“

„Wa-a-t?“ fragt sie und wird mit einmal mächtig hellhörig. Ja, wenn sie das nun soll, dann will sie wohl mit hinauf. De Hausierers, denkt sie bei sich, schöt dat nu aber mal got kriegen. Jeden Dag schall de Sünn schienen!

„Kumm!“ sagt sie. „Wi gaht!“

Als das ungleiche Paar durch das Himmelstor tritt, freut Petrus sich nicht wenig und sagt freundlich, wie er zu allen müden Seelen ist: „Süh an, Zweernjule! Got, dat du d'r rupp bist. Man de Stebel kannst du buten laten!“

Der Kleine aber zieht hinter ihr schnell die Tür ins Schloß!

„Kann ick nu dat Wäer maken?“ fragt sie und ist so kurz angebunden wie ein störrisches Pferd.

„Dat Wäer maken?“ verwundert sich Petrus und macht mächtig runde Augen. „Wer het di dat denn upbunnen?“

„Upbunnen?“ wiederholte sie. „De Krup dor! He sä, du wullst dat nich mehr.“

„Jau!“ flüstert der Kleine da und plinkt Petrus mit den Augen zu. „Ick kunn se anners nich herupkriegen.“

Weil nun kein Engel lügen darf und ein Engelswort gelten muß, war guter Rat teuer.

„Wat wullst du denn woll för Wäer maken?“ fragt Petrus und kratzt sich verlegen hinter dem Ohr.

Da legt sie ja nun los und schilt ihn, daß er sie so oft geärgert hat, wenn sie ihre langen Wege da unten gelaufen ist mit ihrem Tragkorb auf dem Rücken und sagt zuletzt: „Nu schall dat aber jeden Dag 'n Wäer sin as Speck, dor will ick woll för instahn, un all de armen Hannelslüe dor unnen up de Landstraten schüllt dat van nu an beter hebben!“

„Is doch rein to dull“, ärgert sich Petrus. „Mit dat Wäer is doch noch numms nich tofräen west.“

„Ick lat jeden Dag de Sünn schinen!“ sagt sie und trumpft auf.

„Is got, is got“, sagt Petrus, nur um mit ihr auseinander zu kommen. „Du schast jeden Dag de Sünn de Morgenrotsdör upmaken. Man dat annere mutt ick in de Hand beholen, sühst woll.“

Seitdem öffnet die Zwirnjule jeden Morgen der Sonne das Tor des Himmels, aber Petrus verdirbt ihr nicht selten doch noch das Wetter mit Wolken, Wind, Regen, Hagel und Schnee.

Der Bauer und der Tod

Einmal war ein Bauer, mißmutig und verdrossen über die Arbeit, die ihm bevorstand, aufs Feld gegangen, um sein Korn zu mähen, als ihm auf dem sonnenheißen Wege unvermutet der Tod entgegenkam. Er erschrak nicht wenig, wollte dem Knochenmann aber auch nicht ausweichen und sich feige und ängstlich zeigen, tat darum so, als ginge ihn der Kommende nichts an, und begann, wenn auch mit heimlich bebenden Knien, seine Arbeit.

„Heda!" rief der Tod ihn an und hob seine Sense.

„Was soll's?" rief der Bauer zurück, der bereits zu mähen begonnen hatte, ohne sich zu unterbrechen.

„Das ist wohl nicht schwer zu erraten", anwortete der Tod. „Gerufen hast du mich ja oft genug. Nun bin ich da!"

„Dich gerufen? Daß ich nicht wüßte", entgegnete der Bauer verwundert.

„Hast du nicht noch vorhin gewünscht, daß es mit der Plackerei in deinem Leben endlich einmal ein Ende haben möge?"

Betroffen schwieg der Bauer einen Augenblick.

„Das ist freilich richtig", antwortete er dann, „wenn ich auch nicht daran gedacht habe, gerade durch dich Feierabend zu bekommen! Aber nun bist du da und wirst wohl schwerlich wieder umkehren wollen", setzte er treuherzig hinzu.

„Nein, umkehren ist meine Sache nicht", antwortete der Tod.

„Dann hältst du es damit wie ich. Etwas halb zu machen ist auch meine Sache nie gewesen", nickte der Bauer, und wenn ihm auch der kalte Schweiß auf die Stirn trat, verließ ihn doch die Courage nicht, setzte darum den Stiel seiner Sense auf die Erde und begann sie zu wetzen, als wäre das jetzt das Wichtigste auf der Welt und alles andere kümmere ihn nicht einen Deut.

„Mein Korn läßt du mich doch wenigstens noch abmähen, nicht wahr?“ fragte er. „Meine Frau liegt im Kindbett, und eine Hilfe haben wir nicht.“

„Dann beeile dich“, sagte der Tod. „Ich habe nicht viel Zeit und muß weiter.“

„Das will ich gern glauben, aber jedes Ding will seine Zeit“, entgegnete der Bauer. „Darum komm und hilf mir, so geht es schneller, und du brauchst nicht müßig dazustehen, wenn deine alte Hippe nicht mit den Jahren für eine so rechtschaffene Arbeit zu stumpf geworden ist.“

Das wollte sich der Tod nicht sagen lassen, trat darum vom Wege auf das Feld hinüber und fing an, hinter dem Bauern her zu mähen, daß es nur so rauschte.

„Den Teufel auch, du verstehst deine Sache!“ rief der Bauer. „Aber wir wollen das Pferd nicht beim Schwanz aufzäumen. Wer am besten mäht, muß vorauf, das ist schon immer so gewesen. Sonst mähst du mir am Ende noch in die Hacken. Nur tue mir den Gefallen und knack nicht so mit deinen Gelenken, wenn es möglich ist.“

Also schritt der Tod dem Bauern voran, und der Bauer mähte hinter ihm her und überlegte, ob sich nicht eine Gelegenheit böte, seinem Schicksal zu entgehen.

„Nun wollen wir sehen, wer stärker ist, du oder ich“, rief er im Mähen seinem Vormann zu und biß die Zähne zusammen. „Wer zuerst müde wird, hat verloren!“

„Topp“, rief der Tod zurück, denn er hatte es eilig.

Da riß der Bauer alle Kraft zusammen und begann zu mähen wie in seinem ganzen Leben nicht. Wohl hatte er schon an den ersten Schwaden, die der Tod auf das Feld gelegt hatte, gemerkt, was für einen Vormann er da hatte. Aber er ließ den Mut nicht sinken, rückte vielmehr mit jedem Schritte weiter auf, so daß sich der Tod zuletzt mächtig dranhalten mußte, wenn ihm die Sense des Bauern nicht ins Gebein fahren sollte. Erschöpft mußte er zuletzt an die Seite springen. So ein Tagewerk Korn umzulegen und dabei mit einem Hintermann, wie diesem Bauern, Schritt zu halten, war doch eine saurere Arbeit, als er gemeint hatte.

„Du hast deine Sache besser gemacht, als ich angenommen habe“, lobte er den Bauern. „Aber nun ist es genug. Laß den Rest stehen und komm mit. Deine Zeit ist um.“

„Wie?“ schalt der Bauer, dem von der Anstrengung selber die Knochen zitterten, wenn er sich auch nichts davon merken ließ. „Hab' ich jemals einen solchen Schmachtlappen auf dem Felde zu Hilfe gehabt wie dich? Menschenleben mähst du wie Gras – aber hier, wo es darauf ankommt, ein Stück Arbeit zu tun, das mit Heimtücke und einem Hieb deiner alten Hippe nicht zu schaffen ist, wirfst du den Kram hin und tust, als wäre Bauernarbeit ein Narrenspiel? Nein, so einen wie dich wollte ich nicht einmal zum Jungknecht haben!“

„Ist das der Dank dafür, daß ich dir Frist gelassen und dir zum Überfluß noch geholfen habe?“ antwortete der Tod. „Darum spare deine Worte und komm mit!“

„Was sagst du?“ verhöhnte ihn der unerschrockene Bauer. „Dank willst du für das bißchen Arbeit auch noch haben? Ich meinte, du machtest keine halbe Arbeit? Und hast du mir nicht vorhin zugesagt, daß ich mein Feld noch abmähen könne vorher?“

„Es dauert länger damit, als ich angenommen habe“, erwiderte der Tod.

„Ist das vielleicht meine Schuld?“ antwortete der Bauer. „Wer von uns beiden hat schlapp gemacht, du oder ich? Und also hab ich unsere Wette gewonnen!“

„Von der Wette wollen wir nicht weiter reden“, anwortete der Tod.

„Weil es dir nicht paßt!“ trumpfte der Bauer auf. „Aber versprechen und halten steht gut bei Jungen und Alten, meine ich.“

„Das hat seine Richtigkeit“, sagte der Tod. „Außerdem habe ich gemerkt, wie sauer es so einer hat wie du. Und unerschrokken bist du auch und hast dich selbst vor mir nicht gefürchtet, vor dem schon mancher in die Knie gebrochen ist, wenn er mich nur von weitem kommen sah. So will ich diesmal Gnade vor Recht ergehen lassen."

„Nichts davon", beharrte der Bauer, „die Gnade ist bei mir, daß ich dich so laufen lasse, du Halbgesell!"

Aber im stillen war ihm mehr als ein Stein vom Herzen gefallen, als er den Tod davongehen sah, und mit bebenden Händen strich er sich den Schweiß vom Gesicht.

„Auf Wiedersehen denn – später einmal!" rief er ihm nach.

Aber der Tod hörte es schon nicht mehr.

Der Mond hilft einer Sterbenden

Einmal in der Nacht, als der Mond durch das kleine Fenster in eine der engsten Katen im Teufelsmoor hineinguckt, sieht er in den blaukarierten Kissen der Schlafbutze ein junges Mädchen liegen, das hält die Augen geschlossen, hebt aber im Traum den Arm, als wolle es ihm winken. Wie er aber ihre bleiche Stirn berührt und ihr mit seiner Laterne recht ins Gesicht leuchtet, merkt er, wie es mit dem Mädchen steht, nimmt ihre Hand in die seine und setzt sich zu ihr. Sie aber ist schon so tief in ihren letzten Traum gesunken, daß sie nicht weiß, wer sie berührt.

Wie der Mond nun dasitzt, geduldig und still, und darauf wartet, daß er sie, wenn sie ihren letzten Atemzug getan hat, mit sich nähme in die blaue Unendlichkeit, aus der er kommt, fängt plötzlich das Kleine, das sie neben sich in der Wiege hat, an zu weinen. Da beginnt der Mond es sacht zu schaukeln, so sanft und leise, daß es darüber wieder ruhig wird und einschläft.

In der plötzlichen Stille aber öffnet die Kranke die Augen, schreckhaft und groß, sieht den Mond vor ihrem Bette sitzen, meint, daß es ihr Liebster ist und sagt:

„Wo swoar is de Welt, wo düster de Straten, –
wat hest mi vergeten, wat hest mi verlaten!“

Da will der Mond sie trösten, zieht ihre Hand an sich und flüstert: „Ick bin ja nu kamen, ick bin ja nu dor,
Dat Düster is lecht nu, de Weg nich mehr swoar.“

Da muß sie lächeln in der Freude, die unter seinen Worten in ihr Herz kommt, und antwortet:

„Gew mi dat Kind, un denn willt wi gahn,
So witt liggt de Straten, so hell schient de Moan.“

Wie der Mond nun das Kind aus der Wiege hebt und es ihr in den Arm legt, beginnt es darüber von neuem zu weinen und will auch an der Brust der Mutter nicht still werden. Da nimmt der Mond es zu sich herüber, merkt aber, daß es der helle Schein aus seiner Laterne ist, der es nicht einschlafen läßt, blendet darum das Licht mit der Hand ab und wiegt das Kind auf seinen Knien wieder in Schlaf. Weil es aber für ihn Zeit wird weiterzuwandern und er sich nicht länger aufhalten darf, bettet er es still wieder in seine Kissen, beugt sich über die Sterbende und legt ihr leise und kühl seine Hand aufs Herz. Mit der anderen aber deutet er zum sternenschimmernden Nachthimmel hinauf und flüstert:

„So hell is de Kark all, un hell is de Saal,
nu fierst du din Hochtied, nu holt wi dat Mahl.“

Da kann sie nicht anders und erhebt sich, und er nimmt sie mit sich hinaus in die Nacht. Draußen aber ist ein Glanz auf ihrem Wege, daß sie die Hände vor die Augen legen muß, als schritte sie in die helle Sonne hinein, und lehnt sich an ihn, der sie führt, und flüstert:

„Wat lücht us de Hewen, wat glinstert de Feern!“

Antwortet der Mond:

„Sind teindusend Lüchten, sind teindusend Steern!“

Dann aber fließt aller Glanz, der vor ihren Augen ist, zusammen in einen, daß ihr ist, als wäre sie aus ihrer Kate mit einem einzigen Schritt in das unerschaffene Licht Gottes getreten, und alles, was hinter ihr liegt, wird rein und gut in seinem Schein . . .

Vom Monde aber sagt man noch heute im Teufelsmoor, wenn jemand im Sterben liegt und ist zu matt, die letzte Pforte vor sich aufzutun: Lat' man erst den Moand upkamen, de will em woll helpen!

St. Nikolaus und sein Esel

Zu der Zeit, als der gute St. Nikolaus noch alljährlich in den Tagen vor Weihnachten mit seinem Eselchen durch die Dörfer und Städte zog, war er einmal in einer dunklen Dezembernacht zu einem der verlassensten Dörfer im Teufelsmoor unterwegs. Wie er dabei über den Berg nach Worpswede und auf die gepflasterte Dorfstraße kommt, merkt er, wie das Tier, das ihn schon auf so mancher Fahrt begleitete, auf einem Fuß lahmt, und wie er nachschaut, was es damit für eine Bewandtnis hat, sieht er, daß sich eines der silbernen Hufeisen gelockert hat, die es trägt.

Wie er nun vor die Schmiede zieht, um den Schaden wieder gutmachen zu lassen, liegt der Schmied zu der späten Stunde schon längst im Schlaf, will auch wegen einer solchen Kleinigkeit und einem unbekannten Kunden zuliebe nicht wieder aus dem Bett, so daß der Alte unverrichteter Dinge weiter muß.

Besorgt um das Tier, das unter seinen Säcken lahm und müde hinter ihm hertrottet, achtet der Alte wenig auf den Weg, und kaum daß er eine Viertelstunde weit ins Moor hinausgewandert ist, verirrt er sich dort in der rabenschwarzen Nacht so sehr, daß er zuletzt weder vorwärts noch rückwärts weiß.

Nun hat er wohl ein Laternchen bei sich gehabt, aber so hoch er es auch hebt, findet er sich doch in dem engen Lichtkreis nicht zurecht und kann hinterher noch von Glück sagen, daß er nicht unversehens in einen Moorgraben geraten ist, der so breit und finster vor ihm liegt, daß ihm nichts anderes übrigbleibt, als daran entlang zu wandern und zu sehen, wohin er kommt.

Das wäre nun alles weiter nicht so schlimm gewesen, wenn

nicht der Esel bei jedem Schritt in den weichen Moorgrund gesunken wäre und zuletzt fast nicht mehr weiter kann. Aber so einem Freudenbringer wie dem Alten muß auch das Abwegigste noch irgendwie zum Guten geraten, und er wundert sich darum gar nicht, als er bald darauf ein leeres Torfschiff auf dem Wasser liegen sieht. Zufrieden steigt er da hinein, zieht das erschöpfte Tier nach sich und beginnt in der Freude, seinem Weggenossen eine Ruhepause gewähren zu können, den Graben hinunterzufahren.

Nach einer traumstillen Fahrt, zuletzt über überschwemmtes Land hinweg, kommt er so an einen Moordamm und in ein Dorf, das so weltverlassen unter dem Schein der Sterne liegt, daß er meint, er habe es noch nie gesehen. In den Häusern ist freilich nirgends mehr Licht, und als er doch versucht, an den Türen Hilfe für sein Tier zu erbitten, meint man in den dumpfen Schlafbutzen, daß sich jemand einen Scherz machen will, dreht sich auf die Seite und schläft weiter. Ist jemand hierzulande vielleicht schon mit einem Esel durchs Moor gezogen, noch dazu bei dunkler Nacht?

Beim zweiten und dritten Hause geht es dem Alten um nichts besser, aber im letzten, der kleinsten Kate, ist noch Licht, und als er dort an die Tür klopft, steckt eine junge Frau den Kopf heraus. Die hat am Abend eine frischmilchende Kuh bekommen und muß nun während der Nacht noch wieder melken, wenn alles seine Richtigkeit kriegen soll.

Als ihr der Alte nun seine Not mit dem Esel klagt, meint sie, daß es ein reisender Händler ist, der da draußen steht, läßt ihn darum nach dem ersten Erschrecken über den späten Besuch auf die Diele, sucht auch einen Hammer und ein paar Hufnägel, damit der Alte am Herde den Schaden notdürftig bessern kann, und hält ihm bei der ungewohnten Arbeit die Laterne.

Froh über die Hilfe klopft der Alte denn auch den Beschlag

wieder fest, kühlt dem Esel das geschwollene Gelenk, will aber nicht wieder gehen, ohne sich in seiner Weise dankbar gezeigt zu haben, und fragt sie, womit er ihr eine Freude machen könne, er habe so vielerlei in seinen Säcken, daß sie nur zu wünschen brauche.

Die junge Frau meint, daß es nur ein Scherz ist, was der Alte da redet, bietet ihm eine Tasse warme Milch an und fragt, er komme wohl weit her. Ganz von Bremen vielleicht?

Nein, ein Stück weiter noch, antwortet er und lächelt in seinen Bart.

Da bleibt ihm denn nichts anderes, als den einen seiner Säcke vor ihr aufzutun und sie hineinschauen zu lassen.

Aber so weihnachtlich ihr über den Anblick auch wird und soviel Glanz sich vor ihr auftut, daß ihr fast der Atem darüber vergeht – es ist alles doch nicht das, was sie sich im stillen wünscht. Denn wenn sie es verlauten lassen darf, wären ihr ein Kleidchen für ihr Kind und ein Paar Schuhe, wenn es im kommenden Jahre nun laufen lernen wird, noch lieber als die schimmernde Herrlichkeit da vor ihren Augen. Aber so große Dinge kann sie nicht erwarten, nein, und sie hat es auch nur so hingesagt, und er solle nur um Gottes willen nicht denken, daß sie so unbescheiden sei.

Aber der Alte lächelt nur und knüpft dafür nun den anderen Sack auf – ein richtiger Segeltuchsack ist es gewesen, der jedes Wetter hat vertragen können – und nimmt heraus, was sie sich wünscht: ein Kleidchen, rot gewürfelt und mit einer silbernen Litze am Halsausschnitt und ein Paar Erstlingsschuhe aus blankem Leder mit goldenen Knöpfen, und legt ihr die Sachen hin, als müßte das so sein.

Ach, das träume ich ja bloß, sagt sie und weiß nicht, ob sie lachen oder weinen soll. Gibt es auch jemand, der bei dunkler Nacht stundenlang durchs Moor läuft, nur um den Leuten unter ihren Strohdächern etwas zu Weihnachten zu schenken? Und nun gar so schöne Dinge? Aber ansehen muß sie die Sachen wieder und wieder, und kann sich von dem Anblick so wenig trennen, daß sie sich erst abwendet, als der Kleine in der Wiege neben dem Herde zu weinen beginnt und sie ihn herausnehmen und an die Brust legen muß. Dann setzt sie sich auf den Binsenstuhl am Herde, und der Alte, der ihr zusieht, weiß nicht, ist es ein Glanz von innen her oder ist es nur der Widerschein des

Herdfeuers, der aus ihrem Gesichte strahlt? Er kann nicht anders, er muß seinen Mantel, blau wie der nächtige Himmel über der Hütte, der jungen Frau über die Schultern legen und vor ihr das Knie beugen, die hier in Armut und Einsamkeit ihr Kind nährt.

Dann tappt er leise, den Esel hinter sich, ins Freie hinaus, und die junge Mutter, eingesponnen in lauter Traum, hört kaum, daß die Tür geht.

Draußen aber ist nun der Mond aufgekommen und legt einen breiten Streifen von Licht über das überschwemmte Moor, als ginge eine Straße geradewegs von der nachtdunklen Erde zu den Sternenwiesen des Himmels hinauf, auf der der Alte, nun auf gewohntem Wege, wieder aufwärts zu steigen beginnt, seinen Esel, der immer noch ein wenig hinkt, am Zaume mit sich führend.

Die drei Birken

Vielleicht waren sie wirklich einmal aus den Samen eines Baumes erwachsen, so nahe standen sie beieinander. Das Merkwürdige aber war, daß sie in ihrer Jugend ihre Stämme wie in schwesterlicher Liebe umeinander geschlungen hatten und sich erst in Mannshöhe wieder voneinander trennten und ihre Kronen in die Luft erhoben.

Hell und schimmernd stand ihre Rinde vor dem dunklen Geäst des Föhrenschlages, der sich hinter ihnen erhob, und in Mondnächten sah es aus, als wären ihre Stämme drei menschliche Leiber, die in dumpfer Sehnsucht bleich aus dem moordunklen Boden aufwuchsen. Darum war es auch ganz recht, wenn die Leute sie die drei Schwestern nannten und jeder von ihnen einen Namen gegeben hatten. Die höchste und stärkste hieß die Stolze, die mittlere, die ein wenig schwächer geblieben war, die Zarte, und die dritte, die ihre Krone tief auf den Spiegel des alten Moortümpels herabsenkte, der ihr zu Füßen lag, hatte man die Demütige genannt.

An einem frühlingsjungen Pfingsttage, als der Kätner, dem die Bäume gehörten, seinen drei kleinen Töchtern einen Pfingstbusch von den Bäumen schnitt, sagte er ihnen die drei Birken für ihre Aussteuer zu, wenn sie einmal erwachsen seien und heiraten sollten.

Das war eigentlich nur ein Scherz gewesen, und der Bauer hatte sein Versprechen lange vergessen, bis ihn die Älteste, als sie nach Jahren heiratete, daran erinnerte. Da er aber an den drei Bäumen mit besonderer Liebe hing, wäre er gern mit einer Ausrede über die Sache hinweggekommen, konnte aber seiner

Tochter nur so wenig mit in die Ehe geben, daß er ihr die Bitte nicht abschlagen mochte und zusagte, einen der drei Bäume für sie zu fällen.

Als er am anderen Morgen in aller Frühe hinging, um sein Wort wahr zu machen und die Axt mit dumpfem Schlage der ersten der drei Birken in die silberblanke Rinde fuhr, meinte er, einen Seufzer aus dem Baume zu vernehmen, und da er noch verwundert und betroffen innehielt, hörte er eine Stimme flüstern:

„Wi sind dree Süstern,
und hüt is nich güstern,
sleist du us dot,
fritt di Kummer und Not!"

Verstört konnte der Alte sich nicht entschließen, noch einen einzigen Hieb auszuführen, nahm die Axt vielmehr wieder auf die Schulter und kehrte unverrichteter Dinge nach Hause zurück. Dort vertröstete er seine Töchter damit, daß er es nicht übers Herz gebracht habe, einen der Bäume zu schlagen. Wenn aber die letzte ihrer Schwestern heiraten werde, wolle er alle drei auf einmal fällen, und dann solle auch sie ihr Recht bekommen.

Als nun nach Jahr und Tag auch die beiden anderen Töchter, und zwar beide an einem Tage, Hochzeit machten und ihn alle drei an sein Versprechen erinnerten, ging er wiederum hin, die Bäume zu fällen. Aber kaum hatte er die Axt erhoben, hörte er dieselbe Stimme wieder und die gleiche Warnung wie vor Jahren, erschrak darüber noch stärker als das erstemal und war von diesem Tage an fest entschlossen, die Bäume in seinem ganzen Leben nicht anzurühren, ließ sich auch von seinen Töchtern versprechen, sie selbst nach seinem Tode noch zu schonen.

Die drei, die wohl merkten, wie sehr ihr Vater an den Bäumen hing, wollten ihn nicht länger drängen, trösteten sich auch im stillen, daß ja später immer noch Zeit sei, über die Sache zu reden, und begnügten sich, wenn auch mit einiger Unzufriedenheit, ihre Bettladen und Schränke statt aus flammendem Birkenholz, wie sie es sich gewünscht hatten, aus schlichtem Tannenholz machen zu lassen. Als aber der alte Kätner, der in den letzten Tagen seines einsamen Lebens etwas wunderlich geworden war, starb, besannen sich ihre Männer bei der Teilung der Erbschaft auch auf die drei Birken, die ihren Frauen schon seit langem zugesprochen waren, und kamen überein, die Bäume nunmehr selbst zu fällen und sich das Holz zu teilen.

Kaum aber hatte der Mann der Ältesten den ersten Hieb mit der Axt getan, hörte er dieselben Worte, die früher, ohne etwas davon zu verraten, auch der Alte vernommen hatte, und ließ, wunderlich berührt, in scheinbarer Gleichgültigkeit von der Arbeit ab.

Dem zweiten ging es nicht anders, und auch der Jüngste, als er seinem Vorgänger die Axt aus den Händen genommen hatte, stutzte einen Augenblick, hieb aber dann nur desto entschlossener auf die Bäume ein, bis sie mit dumpfem Krachen zu Boden stürzten.

Als die drei sich nun daranmachen wollten, die Stämme untereinander zu verteilen, bestand der Jüngste, weil er die Bäume geschlagen hatte, darauf, für seine Arbeit den stärksten der Stämme zu erhalten. Da aber keiner der beiden anderen damit einverstanden war und sich beide weder mit dem Holz der Zarten noch mit dem der Demütigen begnügen wollten, gerieten sie in einen so hartnäckigen Streit, daß sie nicht nur mit Worten aufeinander eindrangen, sich zuletzt vielmehr wie Raufbolde betrugen und in Wut und Zorn auseinander gingen.

Grollend saßen sie von da ab jeder in seinem Dorf, und einer sah den anderen nicht an, wenn er ihm durch einen Zufall einmal begegnete, und so unglücklich ihre Frauen auch darüber waren und einmal über das andere seufzten und heimlich ihre Tränen darum vergossen, fanden nun auch sie bald nicht mehr den Weg zueinander.

Zugleich wollte es in keinem Hause mit der Wirtschaft mehr recht vorangehen, und Gift und Galle in den Herzen der sechs, die lange ein Herz und eine Seele gewesen waren, wuchsen mit jedem Tage wie Unkraut nach dem Regen. Zuletzt wurde es so schlimm damit, daß die jüngste der drei Schwestern, die von den dreien immer die Anfälligste gewesen war, über all dem heimlichen Ärger und Kummer, der sie bedrängte, erkrankte und einem Siechtum verfiel, das keinem ärztlichen Mittel weichen wollte. Ja, mit der Zeit verschlimmerte sich ihr Zustand so, daß sie im Verlauf einer Aussprache zu ihrem Manne sagte: „Was ist Recht und was ist Unrecht? Mich dünkt, ihr seid alle drei schuld an eurer Zwietracht. Darum, wenn ich leben und nicht sterben soll, so gehe hin und vertrage dich mit den Männern meiner Schwestern. Nehmt aber zugleich drei junge Birken mit und pflanzt sie gemeinschaftlich an die Stelle der alten, die ihr gefällt habt, damit wieder Friede sei zwischen uns allen."

Ihr Mann hörte ihre Worte mit Seufzen an, und wenn er ihr auch im stillen recht gab, konnte er sich doch lange nicht entschließen zu tun, was sie von ihm wünschte. Aber eben vor dem nahen Pfingstfeste überwand er sich, reichte den beiden, deren Schwelle er so lange gemieden hatte, die Hand zur Versöhnung und schlug ihnen vor, nach den Worten seiner jungen Frau zu tun und drei junge Birken an die Stelle der alten zu setzen.

Damit waren die beiden anderen, denen der Streit, ebenso wie ihm selber, längst leid geworden war, gern einverstanden. Als sie aber am Pfingstmorgen gemeinsam hinkamen, sahen sie zu ihrem Erstaunen, daß aus den Stümpfen der geschlagenen Bäume je zwei junge Ruten wieder emporzuschießen begannen. Die flochten sie nun zum Zeichen ihrer Versöhnung alle sechs ineinaner.

Die alten Stämme aber blieben liegen, wie sie vor Jahren gefallen waren, nur daß der dunkle Boden des Moores, aus dem sie einst erwachsen waren, sie langsam wieder in sich einzusaugen begann, als wolle auch er dem Streite seinen Anlaß nehmen und alle Zwietracht, die ihretwegen entstanden war, auslöschen helfen.

Wie der Igel zu seinem Spitznamen gekommen ist

Daß ein Spitzname angehängt wird und man ihn zu seinem Verdruß und stillen Ärger mitunter sein Lebtag nicht wieder los wird, braucht niemand erst zu erzählen. Der Betroffene pflegt dabei meistens auch ganz gut zu wissen, weshalb die Spottlust ihn so ausgezeichnet hat, und unter den Tieren ist es damit nicht viel anders. Denn wenn beispielsweise der Igel heute in Stadt und Land einen wenig schönen Namen trägt, so hat das nicht nur darin seinen Grund, daß er einem Borstenvieh von außen ähnlich sieht – er hat auch einmal Anlaß dazu gegeben, ihn aus einem anderen Grunde einen „Swinegel" zu schelten, und das kam so:

In einer jener hellen Mittsommernächte, die niemand recht schlafen lassen, entstand einmal unter den Tieren, die auf der Diele einer alten Moorbauernkate beieinander waren, ein Streit, wer von ihnen das klügste sei, und da kein Ende des gegenseitigen Hickhacks abzusehen war, kam man zuletzt überein, den Streit dadurch zu entscheiden, daß man sich gegenseitig Rätsel aufgeben wolle. Wer eines wisse, das keins von allen raten könne, sollte Sieger sein.

Putliput, die alte Gluckhenne, die schon manchen Satz Eier ausgebracht hatte und in gleichem Bemühen auch jetzt wieder in ihrem Nest an der Diele saß, kam sich dabei so wichtig vor, daß sie es für ganz selbstverständlich hielt, wenn sie als erste begann.

„Tuck-tuck-tuck!" kakelte sie geheimnisvoll. „Ich weiß ein Ding, das niemand raten soll."

„Herut dormit, ol Kakelsnut!“ rief der Igel, der unbemerkt durch das Hühnerloch ins Haus geraten und Zeuge der Verabredung geworden war.

„Wullt du woll hinut!“ fuhr der Hund auf ihn los, merkte aber bald, wen er vor sich hatte, und hütete sich, den Igel anzurühren. Er hatte sich an dem alten Zaunkrüper schon einmal die Schnauze verbrannt und zog es vor, es nicht noch einmal zu probieren.

„Lat em man, Cäsar!“ redete ihm die Henne zu. „Min Radels schall em woll dat Mul stoppen! Hört mi to:

„Dat geit nich und dat steit nich,
dat itt nich und dat drinkt nich,
dat meest nich und dat stinkt nich!
Wenn ick dat ober hebben will,
dat dat geit und dat dat steit,
dat dat itt und dat dat drinkt,
dat dat meest und dat dat stinkt –
denn geit dat und denn steit dat,
denn itt dat und denn drinkt dat,
denn meest dat und denn stinkt dat.
Seggt mi, wat is dat?“

„Kockock-Ei – de Pott is twei!“ schrie der Igel höhnisch, kaum daß die alte Henne mit ihrem Rätsel zu Ende war.

Da brauchte sich nun ja niemand mehr über die Lösung den Kopf zu zerbrechen, und die Henne ärgerte sich über den ebenso ungebetenen wie vorlauten Gast, daß ihr der Kamm blaß wurde, wollte sich aber ihre Enttäuschung nicht merken lassen und kuschelte sich nur dichter wieder auf ihre Eier.

Nun war die Katze an der Reihe, und da sie beim Küster aufgezogen war, meinte sie, daß es vornehmer sei, wenn sie ihr Rätsel hochdeutsch sage, glaubte auch, daß der Igel es dann nicht verstehen und schon darum schweigen werde, schlang ihren Schwanz um die Beine und fragte:

„Wieviel Rattenschwänze muß man haben, wenn man damit den Mond an die Erde binden will?“

In sicherem Vertrauen, daß niemand ihr Rätsel lösen werde, wollte sie gerade allen Zeit zum Nachdenken geben und dabei ihren Triumph in Ruhe genießen, als der Igel auch ihr den Spaß verdarb:

„Eenen! He mutt blot lang ’nog sin!“ rief er.

Zum Überfluß wollte ihr der Hund, der schon damals die Katze nicht leiden konnte, noch eins auf den Buckel geben, setzte sich auf die Hinterbacken und sagte:

„Dat süht ut as ’n Katt, hett ’n Kopp as ’n Katt, Potschen as ’n Katt, muust as ’n Katt – und is doch keen Katt – wat is dat?“

„Ol’ Pußkatt ehr Brögam – de Kater!“ schrie der Igel und schlug vor Übermut einen Purzelbaum.

Aber jetzt hielten es alle doch für besser, wenn sie ihren Wettstreit ein andermal austrügen und damit auf einen Abend warteten, wenn der Bauer nicht wieder vergessen hatte, das Hühnerloch zu schließen und sie hübsch unter sich sein würden. Den Igel dagegen störte der Unwille, den er hervorgerufen, nicht im mindesten, und vergnügt begann er nun selber mit den Rätseln, die er auf der Pfanne hatte.

„Wer het dat grötste Taschendook?“ rief er, und da keines der Tiere das Rätsel zu lösen vermochte, verriet er die Lösung selbst und hätte so den Wettstreit für sich gewonnen gehabt, wenn er nur zugelassen gewesen wäre.

„Dat Taschendook hest du, ol Puttliputt!“ rief er der Henne zu. „Du wischt di jo de Näs’ an de Erd’ aff!“

Die Henne schwieg verärgert.

„Und wo verdarwt dat Peerd den Buern den Hawer?“ rückte er darauf mit einem neuen heraus.

Aber schon die Frage brachte den alten Ackergaul, den der Bauer im Stall hatte, so auf, daß er vor Zorn mit den Hinterhufen an die Stallwand schlug. Wo, um alles in der Welt, hatte so einer wie er nur je dem Bauern den Hafer verdorben?

„In dinen Darm, du Unklook!" quiekte der Igel vergnügt.

Eine regungslose Stille folgte. Aber sie dauerte nur einen Augenblick.

„Oh, du Swinegel!" brachen die Tiere da los und hatten mit dem einen Wort nicht nur alles gesagt, was zu sagen war, sondern auch den Nagel auf den Kopf getroffen, und darum braucht sich heute niemand mehr darüber zu verwundern, wenn Hans und alle Mann den alten Zaunkrüper heute noch nicht anders nennen und jedes Bauernkind, das ihn zu sehen kriegt, es für ganz selbstverständlich hält, ihn einen Swinegel zu schimpfen.

Die Königswahl der Tiere im Moor

Zu der Zeit, als die Tiere den Löwen zu ihrem König erklärt hatten, wollten auch die Tiere im Moor nicht zurückstehen und sich einen eigenen König wählen, wußten aber nicht, wer unter ihnen der Würdigste wäre. Denn wenn sie auch nichts gegen die Würde des Löwen einzuwenden hatten, so lebte er doch weit weg im fernen Afrika, und nur ein alter Storch, der schon weit in der Welt herumgekommen war, erinnerte sich dunkel, ihn einmal zu Gesicht bekommen zu haben.

Nun sind damals – die Geschichte ist lange her, aber sie ist darum nicht weniger wahr – eines schönen Tages ein paar herumziehende Bärentreiber ins Moor verschlagen worden, verwegene und wettergebräunte Burschen, die verfilzten Spitzhüte auf den schwarzen Strudelköpfen. Weil ein solcher Besuch nur ganz selten einmal in die einsame Gegend gekommen ist, hat sich der Kröger in dem Dorf, in dem sie zur Nacht geblieben sind, einen Spaß daraus gemacht, die ausgehungerten beiden Spießgesellen einmal ordentlich wieder satt zu machen, und hat ihnen von seiner Magd einen Buchweizenpfannkuchen machen lassen, der mehr als nur bei Rippen gestanden hat. Dazu hat er ihnen ein Gläschen eingeschenkt, daß die beiden über dem Essen und Trinken alles andere vergessen haben, sogar ihren Bären, den sie in den leeren Schweinekoben gesperrt gehabt hatten. Aber da auch ein Tier bei aller Geduld zuletzt seinen Hunger bekommt, ist es dem guten Petz zuletzt zu dumm geworden, noch länger auf sein Abendfutter zu warten, hat den Kopf aus dem Halsband gezogen – die Kette am Nasenring hat man ihm allabendlich abgenommen – und sich selber darangemacht, sich etwas zum Abendbrot zu suchen.

Dabei ist er auf die große Diele geraten und hat sich dort in aller Ruhe, aber auch mit wahrem Bärenhunger über die Speckseite hergemacht, von der die Magd sich vorhin etwas zum Ausbraten geschnitten und die sie nicht gleich wieder unter den Wiemen gehängt hat. Ein so gutes und reichliches Futter ist dem Bären während seines ganzen Lebens noch nicht geboten worden. Er frißt sich also gehörig satt und latscht dann gemächlich durch die offenstehende Tür ins Freie hinaus, um noch ein wenig die Abendluft zu genießen.

Als er dabei hinter dem Obstgarten ins freie Feld kommt, begegnet ihm der Fuchs, sagt: „Guten Abend, Gevatter!" und fragt ihn, ob er auch zur Königswahl wolle. Dann hätten sie wohl denselben Weg.

Nun hatte der Bär natürlich noch nichts von der großen Sache, um die es an diesem Abend gehen sollte, erfahren, war auch viel zu vollgefressen, um weiter darüber nachzudenken, und antwortete nur, daß ihm jeder Weg recht sei, wenn's nur nicht nach dem Osten gehe, denn dort habe man ihm vor Jahren das Tanzen beigebracht und da genüge ihm die Erinnerung. Als er aber dann von dem Fuchs erfuhr, daß es darum gehe, das klügste und stärkste unter allen Tieren der Gegend zum König auszurufen, glaubte der Bär, dabei für sich selber einige Aussichten zu haben, und erklärte dem Fuchs, daß ihm alles recht sein werde, wenn er nur genügend dabei zu fressen bekomme. Zum Hungern habe er nämlich bisher schon Gelegenheit genug gehabt und heute erst wieder gemerkt, wie wohl es tue, wenn man sich bei seinen Mahlzeiten keine großen Beschränkungen aufzuerlegen brauche.

Aber darüber beruhigte ihn der Fuchs. Es sei ja einfach eine herrliche Gegend hier, und wenn bei anderen auch Schmalhans zuweilen Küchenmeister sei, würde es für einen Bären keine Schwierigkeiten damit haben, sich aus den vielfach baufälligen und nur aus Fachwerk und geflochtenen Wänden hergestellten Katen der Moorleute immer das zu besorgen, worauf er gerade besonderen Appetit und als König im Moor Anspruch haben werde: ein fettes Kalb oder Schaf und im Herbst zur letzten Stärkung für seinen Winterschlaf einen Topf voll Honig.

Als sie über solchen Gesprächen, der Fuchs immer ein paar Nasenlängen voraus, ins Moor kamen, fanden die beiden dort bereits alles versammelt, was dort kreucht und fleucht: Eule und Igel, Iltis und Marder, Sperber und Bussard, Wildente und Birkhuhn, und als es nun unter Geschrei und Gegacker, Flügelschlagen und Gemauze zu einem Vorschlag für die neue Würde kommen sollte, flüsterte der Fuchs dem Bären zu: „Stell dich mal auf deine Hinterpranken, damit alle deine volle Größe sehen!“

Der Bär tat, wie ihm geheißen war, erhob sich und stand mit erhobenen Tatzen da, vollgefressen und dick wie ein Faß.

Soweit er aber auch seinen Rachen aufriß und sich hin- und herwatschelnd langsam im Kreise drehte, war doch unter allen Tieren keins, das ihn hätte zum König haben wollen, ja, einige schrien sogar, sie wollten keinen Hergelaufenen und wären Manns genug, einen König aus ihren eigenen Reihen zu stellen!

Als darüber, wie schon früher einmal, alles drunter und drüber gehen wollte und ein paar Zurückhaltende bereits damit rechneten, die Wahl wiederum vertagt zu sehen, und dem Fuchs seine Felle wegschwammen – hatte er doch darauf gezählt, es bei dem Bären, wenn er König werde, besonders angenehm zu haben –, rief der Igel mit fröhlich quiekender Stimme, daß sie ja alle herzlich dumm gewesen seien! Sie hätten hier im Moor ja schon seit langem einen König und nur nicht daran gedacht.

Dabei wies er auf den Mond, der soeben über den Himmelsrand emporstieg, düster in der Glut seines Aufgangs und rot wie schwelendes Feuer, seinen Nebelmantel über den Schultern und einen Wolkenhut auf dem Kopfe, majestätisch und groß, anzusehen wie ein geheimnisvoller Magier.

Auf die Worte des Igels waren alle Tiere verstummt, wendeten sich dem Monde zu und verneigten sich vor ihm als vor ihrem wahren König – und er ist es geblieben bis auf den heutigen Tag. Denn so wie die Sonne die Königin allen Lebens in üppigeren Gegenden ist, ist der Mond Herrscher im Moor. Noch immer feiern die Tiere dort ihre Feste, wenn sein Licht sie bestrahlt, halten ihre Hochzeiten beim Monde und treten zur Zeit des Mondes ihre Wanderungen an, und es ist nicht eines unter ihnen, das sich der Macht seines stillen Zaubers gänzlich entzöge.

Meister Petz aber brummt noch heute darüber, daß er im Teufelsmoor damals so hereingefallen ist. Jedenfalls haben ihn die beiden Bärenführer am anderen Tage lange suchen müssen, bis sie ihn endlich wiederfanden. Auch der Kröger soll nicht gerade sein freundlichstes Gesicht gemacht haben, als ihm der Freßsack wieder unter die Augen gekommen ist. Ein paar Schadenfrohe, an denen in der Welt ja niemals Mangel ist, haben sogar behauptet, daß er die Falten des Ärgers nie wieder aus seinem Gesicht herausgebracht habe.

Von einem, der den Teufel tanzen sehen wollte

Es ist schon länger als nur ein paar Jahre her, und man könnte sich darüber verwundern, daß die Geschichte noch nicht vergessen ist, aber die Leute im Moor haben zuweilen ein gutes Gedächtnis. So erinnern sich immer noch einige, daß sich einmal einer der Ihrigen über den unerwartet guten Preis, den er in der Stadt für ein gemästetes Kalb erhalten, und angefeuert von einigen Schnäpsen, die er sich nach dem Handel zu Gemüte geführt hatte, darauf besann, daß es schon immer ein sehnlicher Wunsch von ihm gewesen sei, einmal den Teufel tanzen zu sehen – glaubte er doch als Bauer im Teufelsmoor darauf ein besonderes Anrecht zu haben. Auch hatte er immer wieder sagen hören, daß für Geld nun einmal alles in der Welt zu haben sei und sich dann selbst der Teufel nicht lange nötigen lasse.

War es ein Wunder, daß einer, der in derselben Schenkstube an einem benachbarten Tische saß, darüber die Ohren spitzte und meinte, einen gefunden zu haben, den er unbeschadet ein wenig rupfen könne? Er rückte also näher und setzte sich zu dem Moorbauern, der die Schalkheit, mit der er sich geäußert hatte, hinter einem so einfältigen Gesicht verbarg, daß ihm nur ganz verstohlen einmal ein verräterisches Lächeln um die Lippen huschte, und flüsterte ihm zu, daß er schon Rat und Mittel für ihn wisse, nur so ganz einfach sei die Sache nicht, das müsse er gleich sagen. Immerhin glaube er wohl, daß es schon damit gehen werde. Nur billig würde es nicht gerade sein. Der Teufel sei nun einmal ein verwöhnter und habgieriger Bursche.

Nach diesen Worten gab er dem Bauern einen Wink, zog ihn auf die Straße hinaus und führte ihn in eine benachbarte Kellerwirtschaft und dort in ein Hinterzimmer, in das weder Sonne noch Mond schien und in dem nur eine armselige Talgkerze auf einem nackten Tische brannte. Dort bedang er sich zunächst für seine Beschwörungskünste eine Anzahlung aus. Ohne daß er Geld sähe, erschiene der Teufel nun mal nicht.

Auf eine Vorauszahlung wollte sich aber der Moorbauer keinesfalls einlassen, hielt vielmehr sein Geld fest und schnitt darüber weiter das dümmste Gesicht, dessen er fähig war.

Seine Hartnäckigkeit schien seinem Genossen freilich ein wenig die Laune zu verderben, der aber im stillen doch hoffte, den dummen Bauern schon noch kirre zu kriegen. Er verließ also das Zimmer unter dem Vorwand, erst einmal beim Teufel Nachfrage halten zu wollen, ob er bereit sei, diesmal eine Ausnahme zu machen, schickte dafür aber ein Fräulein herein, das dem Gaste mit süßem Lächeln und ebensolchen Worten einen Trunk zum Willkommen vorsetzte, der, so verführerisch er auch spendiert war, dem Bauern doch so merkwürdig in die Nase duftete, daß er ihn in einem unbewachten Augenblick doch lieber unter den Tisch als in die Kehle goß. Wundert es jemand, daß das Fräulein, ebenso zutraulich wie verwegen, bald nichts mehr darin fand, sich dem Gaste auf den Schoß zu setzen? Jedenfalls schien ihr Mitspieler, der sich während des mit dem Teufel besprochen hatte und nun wieder hereinkam, das für das Selbstverständlichste von der Welt zu halten, und berichtete nur, daß der Teufel, wenn auch nur widerwillig und knurrend, sich bereit erklärt habe, einen seiner Tänze aufzuführen, daß er aber 10 Taler dafür verlange, nicht einen Pfennig weniger, und daß dieser Betrag vorher auf dem Tische, an dem der Bauer sitze, niedergelegt sein müsse. Nach einigem Hin und Her zählte der Bauer auch wirklich 10 von den harten Talern ab, die er bei sich trug, bestand aber darauf, so lange seine Hand auf das Geld legen zu dürfen, bis der Teufel mit seinem Tanz zu

Ende sei. Bei aller Vorsicht war er aber doch nicht wenig überrascht, als ihm im nächsten Augenblick die Kerze vor der Nase ausgeblasen wurde und er plötzlich in einer Finsternis saß, die selbst dem Teufel nichts zu wünschen übrig lassen konnte. Zugleich erhob sich um ihn ein unheimliches Rasseln und Klappern, Schnaufen und Stöhnen, Fauchen und Heulen, als ob wirklich plötzlich die Hölle losgelassen sei. Dabei spürte der verdutzte Bauer, argwöhnischer als je, daß sich leise und tastend eine fremde Hand der seinen, mit der er die 10 Taler auf dem Tische festhielt, näherte. So sanft das auch geschah, verstand er doch sofort, was mit ihm gespielt werden sollte, und packte im nächsten Augenblick mit so eisenfestem Griff zu, daß er die fremden Finger wie in einem Schraubstock zusammenpreßte. Zugleich holte er mit seiner freien anderen Hand aus und schlug aufs Geratewohl ins Dunkel hinein, aber doch so glückhaft, daß er jemand eine Maulschelle versetzte, wie er in seinem Leben noch keine verteilt hatte.

Es ist nicht weiter verwunderlich, daß es darauf zwischen dem grunzenden Teufel, dem Fräulein und dem Moorbauern zu einem Handgemenge kam, bei dem die drei im Dunkel des Zimmers nach Kräften aufeinander einschlugen und aus dem schließlich der Teufel mit einer blutenden Nase und unter Verlust einiger Zähne, das Fräulein mit einer zerzausten Frisur und einer geschwollenen Backe hervorgingen, während sich der gute Moorbauer mit einer ansehnlichen Beule am Kopf und einigen Kratzwunden im Gesicht auf der Straße wiederfand und dazu den Verlust einiger seiner Taler zu beklagen hatte. Immerhin war er klug genug, weiter keinen Lärm von der Sache zu schlagen, seine Lehre aus der Geschichte zu ziehen und wieder nach Hause zu wandern. Denn Strafe muß sein, dachte er bei sich selber und brauchte sich dabei nicht erst lange an seinen Kopf zu fassen. Zugleich nahm er sich vor, in Zukunft und vor fremden Leuten vorsichtiger mit seinen Worten zu sein und sich nirgends wieder dümmer zu stellen, als ihn der liebe Gott geschaffen hatte. Auch hat er nie wieder den Wunsch geäußert, den Teufel tanzen zu sehen, weder den echten, noch einen gespielten. Wahrscheinlich wird er dabei auch wohl eingesehen haben, daß man für Geld gewiß allerlei in der Welt haben kann – zuweilen sogar eine Prügelei, und dann noch froh sein darf, wenn man dabei nicht gerade die meisten erhält.

Der Mäher

Als Gerd das Dorf hinter sich gelassen hatte, lag noch der Tau der Nacht auf den Wiesen, aber der Osten erglühte bereits unter der schweigenden Herrlichkeit des wiedergeborenen Lichts.

Die Stille um ihn war unermeßlich. Nur ein paar Lerchen trillerten verloren in der klaren Morgenluft, und ein Kuckuck rief eifrig und unermüdlich vom Walde herüber.

Bei seinem Wiesenstück angekommen, zog Gerd seinen Kittel aus und begann die Sense zu streichen.

Es war wunderbar, nach dem Erleben der letzten Monate nun als Urlauber wieder den Frieden zu atmen, der über der heimatlichen Landschaft lag.

Ein herrliches Gras, das da gewachsen war! Die Halme gingen ihm weit über die Knie, und das Untergras war dicht wie ein Polster. Das würde ein Heu geben, wie es reichlicher und schöner kaum zu denken war.

Allenthalben, daß man schon mit dem Schnitt begonnen hatte. Nur die Wiese seines Nachbarn lag noch unberührt. Kein Wunder, da der Hannes im Felde war ... Seit bald zehn Jahren nun, daß er mit dem im Streite lag. Es war Jannas, Hannes Frau wegen gekommen. In ihren Jungmädchentagen hatte auch er um sie gefreit, sich aber dann doch für Lohmanns Annegret entschieden. Aber nie, daß der Hannes seine Eifersucht auf ihn hatte überwinden können. So waren sie sich feind geblieben bis auf den heutigen Tag. Darum war er auch nicht gerade böse gewesen, daß er dem Hannes jetzt nicht zu begegnen brauchte – hatte er doch gestern von Annegret gehört, daß der Hannes, in Frankreich verwundet, noch lange Zeit nicht auf Urlaub kommen werde. Nun, durchkommen würde er schon wieder. Der

Hannes war zäh. Aalhaut war nichts dagegen. Aber ein Unglück kam selten allein, und da war es gerade kein Wunder, daß Janna, seine Frau, nach einem verfrühten Kindbett nun gleichfalls monatelang hatte liegen müssen. War es aber zu begreifen, daß sie Annegret, die sich als Nachbarin verpflichtet gehalten hatte, zu ihr hinüberzugehen und ihr beizustehen, aus ihrer Kammer wieder hinausgewiesen hatte? Stolz und abweisend war sie ja schon immer gewesen, aber eine hilfsbereite Hand von sich zu stoßen, bloß weil die Männer sich nun einmal nicht aufs Fell gucken konnten? Annegret hatten die Tränen in den Augen gestanden, als sie ihm gestern von dem Auftritt erzählte, den sie mit Janna gehabt hatte.

Da, kaum daß er zweimal am Stück hinunter ist mit der Sense, kommt die Janna wahrhaftig den Wiesenweg herauf und hat auch die Sense auf der Schulter. Will sie vielleicht selber darangehen, ihr Wiesenstück zu mähen? Nun, ein Frauensmensch kann viel mehr, als manche glauben mögen. Aber ein Tagwerk Grasland umlegen, wenn man erst von einem schweren Kindbett wieder aufgestanden ist?

Wirklich macht die Janna vor ihrem Stück halt, schürzt sich den Rock noch um ein Stück höher und beginnt ihre Sense abzustreichen, als müsse das so sein.

Verstohlen blickt Gerd zu ihr hinüber und winkt mit der Hand zum Gruß. Aber Janna erwidert ihn nicht. Die Lippen aufeinandergepreßt steht sie da, die Falte auf der Stirn, die sie immer hat, wenn sie Gerd oder seiner jungen Frau in den Weg kommt.

Verlegen beugt sich Gerd wieder über seine Arbeit. Nun ja, wenn sie nicht antworten will auf seinen Gruß, läßt sie es bleiben, denkt er ärgerlich. Zum zweitenmal grüßt er nicht wieder.

Es mäht sich nicht allzu schwer in dem butterweichen Gras, aber auf die Dauer merkt auch einer wie er, was mähen heißt.

Da geht es ihm im stillen erst recht ans Herz, wie sich Janna da drüben mit ihrer Sense quälen muß ... Zu dumm eigentlich, die ganze Feindschaft. Wenn ihn auch der Hannes nicht leiden kann, was hat er mit ihr gehabt, die doch Hannes Frau geworden ist, daß sie so fremd tut und Annegret gekränkt und beleidigt hat – ganz ohne Ursache eigentlich, wie sie sich ja selber sagen muß?

Sirrend gehen die Sensen durch das tauige Gras.

Oh, sie kann schon mähen, die Janna! Das muß ihr der Neid lassen. Aber nun muß sie doch einhalten und Luft schöpfen. „Ja, Janna, du hast dir doch wohl ein wenig zuviel zugetraut, wie?“ sagt Gerd zu sich selber.

Nein, was ist denn das? Hat Gerd vielleicht schon einmal jemand gesehen, der nach kaum einer Viertelstunde die Sense von sich geworfen und sich ins Gras hat sinken lassen?

Erst zögernd, dann schneller geht Gerd zu ihr hinüber.

Sie hat das Kinn auf die Brust gesenkt und blickt kaum auf, als er zu ihr tritt.

„Ja, siehst du, das hier ist keine Arbeit für dich, Janna“, redet er sie an. „Geh lieber nach Hause zu deinen Kleinen. Das Stück hier – ich schaff's schon, mähe es morgen für dich mit ab. Hab' ja Urlaub darum gekriegt.“

„Darum?“ fragt Janna und muß sich Mühe geben, daß er ihr bei dem höhnischen Wort die Atemnot nicht anmerkt, von der sie befallen wurde. „Wie kämst du wohl dazu?“

„Ich meine, ich wäre als Nachbar doch wohl der Nächste dazu, erst recht, nun der Hannes im Lazarett liegt, wie ich gehört habe. Also steh auf und geh nach Haus. Wenn die Sonne erst hoch ist, wird dir das Mähen erst recht sauer werden. Dies hier ist Männerarbeit, und wenn du Annegret auch neulich beinahe hinausgeworfen hast, als sie aus gutem Herzen heraus zu dir kam – ich laß mich nicht so beiseite schubsen, ich nicht, Janna!“

Wirklich erhebt sie sich, steht noch einen Augenblick und fühlt seinen Blick, dann geht sie. Sie spricht kein Wort, aber sie geht. Gerd wundert sich im stillen selber.

Zuhause aber läßt es ihr keine Ruhe. Immer wieder, daß sie sich dagegen wehrt, aber dann kann sie einfach nicht anders, sie muß hinüber ins Nachbarhaus, das sie seit so vielen Jahren nicht mehr betreten hat, und muß Annegret die Worte abbitten, mit denen sie vor Wochen die ausgestreckte Hand von sich stieß.

„Und nun sollen auch die Männer sich endlich vertragen", sagt sie, „und wenn dem Hannes erst das Bein wieder heil ist, und er heimkommt, soll sein erster Weg zu euch hinüber sein, dafür laß mich nur sorgen", sagt sie und hält der jungen Frau beide Hände hin.

Das Wundermittel

So unterschiedlich die Menschen auch angelegt sein mögen, die einem im Leben über den Weg laufen, so selten ist bisher einer darunter gewesen, der aus willigem Herzen heraus der Natur den Zins bezahlt hätte, den sie von uns allen erhebt: mit jedem unserer Jahre nämlich ein Stücklein älter und zuletzt zum Greise zu werden – hat man sich doch schon seit alter Zeit Mühe darum gegeben, ihr wenn möglich dabei ein Schnippchen zu schlagen. Darauf hatte es auch ein Besucher abgesehen, der einmal – die Geschichte liegt lange zurück – zu einem alten Schmied ins Teufelsmoor kam, der wegen der heilsamen Kräuter und guten Ratschläge, die er Kranken und Gebrechlichen schon gegeben, in der ganzen Gegend bekannt war, weshalb sich sein Besucher Hoffnung gemacht hatte, durch ihn vielleicht auch ein Mittel zu bekommen, das ihn nicht nur vor dem näherrückenden Alter bewahren, sondern darüber hinaus auch um Jahrzehnte wieder verjüngen könnte. Der Alte, den Ruß der Arbeit noch an den Händen, hat sich über das Anliegen, das den vornehmen Besucher zu ihm geführt hatte, durchaus nicht sehr verwundert, darum auch weiter keine Miene verzogen und sich nur erkundigt, wie alt der Herr denn sei und um wieviel Jahre jünger er wieder nach Hause zurückzukehren wünsche.

Überrascht, daß ihm so bereitwillig geholfen werden solle, hat der Fremde, wie es heißt, nicht lange überlegt und geantwortet, daß er die letzten drei Jahrzehnte seines Lebens gern vermissen werde.

„Da seid Ihr also vor dreißig Jahren ein so glücklicher Mensch gewesen, daß es noch heute nichts Besseres für Euch geben könnte, als die Tage von damals noch einmal wieder durchleben zu können?" fragte der Alte und sah seinem Gegenüber prüfend ins Auge.

Ein wenig betroffen kam dem Besucher über dieser Frage wieder in Erinnerung, daß mit der genannten Zeit im Gegenteil eines der schmerzlichen Ereignisse seines Lebens verbunden war. Durch die verleumderische Anklage eines seiner Freunde nämlich, den er dazu immer für einen seiner treuesten gehalten, war er damals gerichtlich verurteilt worden und ohne eine Möglichkeit geblieben, sich rechtfertigen zu können. An diese Zeit erinnert, empfand er auch heute wieder die Beschämung und den Schmerz, den er damals erlitten hatte. Zugleich aber kam so etwas wie ein ahnungsvolles Erkennen über ihn, daß vielleicht mit dem verjüngten Leben, das er sich ersehnte, die gleichen Erfahrungen wieder verknüpft sein möchten, die ihm früher zuteil geworden waren, und er fragte den Schmied darum.

„Das wird schon so sein“, nickte dieser, „müßte ich Euch doch sonst zu einem völlig anderen Menschen machen können – und das vermag nur Gott!“

Betreten blickte der Ratsuchende vor sich nieder, wollte sich aber seine Bestürzung nicht merken lassen und sagte: „Nun, vielleicht war ich da vorhin doch ein wenig unbescheiden, und dreißig Jahre sind mehr, als man verlangen kann. Ich wäre jedenfalls schon zufrieden,wenn Ihr mich nur um zwanzig jünger machtet.“

Im selben Augenblick aber fiel ihm ein, daß er vor zwanzig Jahren durch eine leichtsinnig eingegangene Bürgschaft den schwersten geschäftlichen Verlust seines Lebens erlitten und daß es langjähriger Entbehrungen bedurft hatte, ihn einigermaßen wieder auszugleichen. Aber weit schlimmer als der wirtschaftliche Verlust war der seelische Druck gewesen, den er damals zu überwinden gehabt hatte und der ihn monatelang in die dumpfen Niederungen der Schwermut geführt hatte. Nur mit Grauen vermochte er daran zu denken, noch einmal wieder Ähnliches durchleiden zu müssen. Er bat darum den Schmied, es mit nur zehn Jahren bei der Verjüngung bewenden zu lassen. Über diesen mehr gestammelten als gesprochenen Worten sah er plötzlich wie in einem Zauberspiegel das ganze Gewebe seiner bisherigen Lebenstage, bunt und vielgestaltig wie ein Teppich, vor sich liegen, von hellen und dunklen Fäden durchwoben. Aber so aufmerksam er das Gewebe auch musterte, fand er unter allen nicht ein einziges Jahr, das neben den Freuden, die es ihm hatte erblühen lassen, nicht auch seine Forderungen gestellt und ein gerütteltes Maß an Kummer und Lasten mit sich gebracht hatte. Ob er wirklich noch einmal wieder die Kraft aufbrachte, das eine um des anderen willen auf sich zu nehmen? Oder war er vielleicht so töricht gewesen zu glauben, daß ihm in einem verjüngten Leben nur Lust und Freuden beschert sein würden?

Schweigend hatte er dagesessen, stand aber jetzt plötzlich mit einem Ruck von seinem Stuhle auf und reichte dem Alten die Hand zum Abschied, ernst, aber doch lächelnd und wie befreit.

„Verzeiht", sagte er, „wenn ich Eure Hilfe nun doch nicht weiter in Anspruch nehme. Mir will nämlich das kommende Alter nicht mehr ganz so schrecklich erscheinen wie bisher. Dabei möchte ich wohl glauben, daß für mich alles so, wie es ist, am besten geordnet ist, und ich bin dankbar, daß Ihr es mir auf eine so feine Weise zu Gemüte geführt habt."

Ist es weiter zu verwundern, daß dem Schmied über diese Worte ein Lächeln kam? Hatte er doch wenig genug gesagt und nur eine simple Frage gestellt und eine andere beantwortet. Aber es gibt ja Menschen, die wortkarg und schweigsam mit wenigen Worten mitunter mehr erreichen als andere mit einem ganzen Schwall von Sätzen. Zu ihnen muß auch der Alte gehört haben, der seinen Besucher darum ohne viele Erklärungen und nur mit einem Händedruck entlassen haben soll, dem es anzumerken gewesen sein wird, daß er von einem Schmied und somit nicht von schlechten Eltern kam.

Das Irrlicht

Einmal – die Geschichte ist schon länger als ein paar Jahre her, aber die sie miterlebt haben, haben noch oft von ihr erzählt – sind drei reisende Spielleute durchs Teufelsmoor gezogen. Da aber jede Lustigkeit auf dieser Erde ihre heimliche Trauer hat und kein Tag so wie der andere ist, sind sie beim Musizieren diesmal durchaus nicht so heiter aufgelegt gewesen, wie es sonst wohl ihre Art war, so daß sie, den ganzen Tag merkwürdig ernst und vergrübelt, immer nur das Nötigste miteinander geredet haben. Besonders der Jüngste hat während des ganzen Tages einen Druck auf dem Herzen und eine heimliche Sorge mit sich herumgetragen und immer wieder an die Eine denken müssen, die fern von ihm in seiner Heimat auf ihn gewartet hat.

Als sie nun müde und hungrig abends ins Wirtshaus kommen und nicht wissen, wie sie für ihre paar Kupfermünzen zur Nacht essen sollen, macht ihnen der mitleidige Wirt zuletzt den Vorschlag, für Abendbrot und Nachtlager seinen Gästen ein paar lustige Stunden zu bereiten. Darauf sind sie bereitwillig eingegangen und haben mit Geige, Flöte und Klarinette zu spielen begonnen, daß die jungen Leute aus dem ganzen Dorf darüber zusammengeströmt sind. Der Wirt hat sich dabei im stillen nicht wenig gefreut, auf so billige Weise zu einer Tanzmusik gekommen zu sein, und alles ist voll Frohsinn und Ausgelassenheit gewesen, bis einer der Jungbauern, übermütiger als die anderen und ein wenig angetrunken, begonnen hat Händel zu suchen und darüber zuletzt auch an die Musikanten geraten ist. Wenn sie etwas verstünden, hat er sie verhöhnt, müßten sie als gute Musikanten im Teufelsmoor auch den Teufel tanzen lassen können – oder ihre Kunst sei keinen Wurstzipfel wert.

Da ist in dem betretenen Schweigen, das sich bei diesen Worten aller anderen bemächtigt hat, der Flötenspieler unter den dreien unerwartet aufgestanden und hat sich erboten, den Teufel sogleich und vor aller Augen erscheinen zu lassen – nur solle der Jungkerl, der ihn dazu herausgefordert habe, auch die Musik dazu bezahlen! Der hat sich denn auch nicht lumpen lassen wollen und zehn Taler dafür auf den Tisch geschmissen, als sei so eine Summe nur eine Kleinigkeit für ihn, worauf der Spielmann sein Instrument an die Lippen gehoben und seine Musik begonnen hat.

Keiner der übrigen hat recht gewußt, was er zu dem absonderlichen Handel hat sagen sollen und nur ein leeres, schnell aufklirrendes und wieder verstummendes Gelächter ist den Worten der beiden gefolgt.

Nun ist es eine schwülwarme Sommernacht gewesen, so geisterhaft bleich und geheimnisvoll, wie man sie nur im Moore zu sehen bekommt. Da – kaum daß der Musikant zu spielen begonnen gehabt hat – ist über dem alten Moorgraben vor dem Hause plötzlich ein Licht erschienen, fahl und bläulich von Farbe und so merkwürdig und schwebend in seinen Bewegungen, daß es ausgesehen hat, als wäre es von einem heimlichen Leben erfüllt. Auf- und niederhüpfend hat es sich, von der leisen, sehnsüchtig süßen und schwermütigen Musik wie getragen, bald dem Hause genähert, bald sich wieder davon entfernt, nicht anders, als wolle es dem Spielmann ein Zeichen geben, ihm zu folgen. Wirklich ist dieser, immer sein Instrument am Munde, durch die offenstehende große Tür der Diele langsam und Schritt vor Schritt auf das Licht zugegangen, die Augen überweit und die Wangen so bleich wie der weiße Streusand auf der Diele des Hauses – hat ihm doch bei seinem Weggang von Haus und im Augenblick des Scheidens sein Mädchen gesagt:

Wenn ich sterben sollte und du bist noch nicht zurück, wirst du es auch in der Ferne wissen und mich sehen! Und da er den ganzen Tag über an diese Worte hat denken müssen, hat er nicht anders geglaubt, als sie zu sehen, und ist dem Lichte, hingenommen und ohne Willen, gefolgt. Seine Gefährten aber und die Burschen und die Mädchen aus dem Dorfe haben wie unter einem Banne gestanden, so daß ihn keiner hat rufen oder halten mögen und er, immer dem schwebenden Lichte nach, weiter

und weiter ins Ungewisse hinausgewandert und niemals zurückgekehrt ist.

Die zehn Taler aber, die der Jungbauer ausgeworfen hatte, hat keiner von seinen Gefährten an sich nehmen mögen, so daß die beiden am anderen Tage ebenso mittellos, wie sie gekommen, weitergewandert sind, verstört und plötzlich von einem so unwiderstehlichen Jammer nach Hause erfaßt, daß keiner von ihnen hätte sagen können, warum ihn das Heimweh so plötzlich und mit solcher Gewalt überfallen habe.

Das Nebelweibchen

Vor vielen Jahren – der Krieg hat im Lande gestanden, und es ist eine rauhe und finstere Zeit gewesen, erfüllt von Gewalt, klirrender Kälte, Hunger und Not – ist es einem jungen Bauern im Teufelsmoor in einer Herbstnacht geschehen, daß ihm im Uferschilf der Hamme statt der Wildente, auf die er es abgesehen gehabt hat, eines der Nebelweiber in den Schuß gekommen ist, die vom hohen Norden her damals mitunter bis ins Teufelsmoor verschlagen worden sind. Er hat ja zuerst seinen Sinnen nicht getraut, als er, kaum daß der Schuß aus der Büchse gewesen ist, ein leises Wimmern aus dem Schilf herüber gehört hat, nicht anders, als habe er einen Menschen getroffen. Als er dann den rätselhaften Lauten nachgegangen ist, hat er ja bald gesehen, was er angerichtet gehabt hat, und ist so bestürzt gewesen, daß er zuerst nicht gewußt hat, was er hat tun sollen, bis er ein Stück von seinem Hemde abgerissen, die an einem ihrer Flügel Verletzte verbunden und über die nebelfeuchten Wiesen zu seinem Hause hinübergetragen hat. Dabei hat er seine Bürde zuerst kaum gespürt, aber dann ist sie mit jedem Schritt ein Stück schwerer geworden, so daß er zuletzt gemeint hat, unter seiner Last zusammenbrechen zu müssen. Vor der Tür seines Hauses endlich ist ihm die Verletzte so schwer geworden, daß er sie nur mit übermenschlicher Anstrengung hat über die Schwelle bringen können. Drinnen hat er sie in eine der Mägdekammern gebracht und dort gebettet, ist aber von der seltsamen Schönheit des Mädchens wie verzaubert gewesen, so daß er den ganzen Tag nicht von ihrer Seite gewichen ist. Selbst seine alte Ziehmutter, die sich auf solche Dinge verstanden und ihn flehentlich gebeten hat, die Fremde wieder von sich zu lassen und nicht das ganze Haus darüber ins Unglück zu stürzen, hat ihn nicht bewegen können, das Zimmer zu verlassen. Das Mädchen dagegen, so feindselig und verschlossen, als wäre es keines Wortes fähig, hat auf alle seine Bemühungen um sie nur immer mit zornfunkelnden Blicken geantwortet und Speise und Trank beharrlich zurückgewiesen. Er aber hat sich durch nichts beirren lassen und sie immer von neuem gebeten, bei ihm zu bleiben, er wolle es an nichts fehlen lassen. Nach sieben Tagen endlich hat sie sich unter ausbrechenden Tränen dazu bereit gefunden, ihm aber zugleich angedeutet, daß sie seinem Willen nur nachgeben könne, wenn er sie vorher entzaubere. Dazu müsse er sie dreimal um das Haus tragen und jedesmal dabei die Worte wiederholen:

„Wat flog, sall nu up Föten stahn,
allens wat wör, is nu vergahn!"

Dann aber wolle sie nur als seine Magd bei ihm bleiben, denn seine Frau zu werden, wie er sie gebeten hat, werde ihm nur Kummer und Unglück bringen.

Er aber hat davon nichts wissen wollen, sie vielmehr sogleich auf seine Arme gehoben und ums Haus getragen und dabei die verlangten Worte gesprochen:

„Wat flog, sall nu up Föten stahn,
allens wat wör, is nu vergahn!"

Da ist ihr das Federkleid von den Schultern gefallen, und statt der Wunde an ihrem Flügel ist eine brennend rote Narbe auf ihrer Schulter zu sehen gewesen, sie selber aber hat in ihrer unverhüllten Schönheit vor ihm gestanden, so daß er über den Anblick das Blut in seinen Adern hat singen hören. Seinen Bitten gegenüber, nun doch ganz die Seine zu werden, hat sie aber auch weiterhin widerstanden, so daß er sich zuletzt, seufzend und in stiller Hoffnung auf spätere Zeiten, darein gefügt hat.

Seine Liebe zu ihr ist mit jedem Tage aber größer geworden und hat wie ein nur mühsam niedergehaltenes Feuer in ihm weitergebrannt. Sie dagegen hat scheu und still den Dienst bei ihm aufgenommen wie eine, die man im Hause nur duldet.

Da, eines Nachts, als er noch schlaflos in seiner Kammer liegt und vor den Stößen des Nordwinds und der Unruhe seines Herzens keinen Schlaf finden kann, überkommt ihn eine Sorge, ob vielleicht ein Fenster im Hause offengeblieben ist, und er steht auf, um nachzusehen. Als er dabei über das Flett kommt und an ihrer Kammertür vorübergeht, glaubt er dahinter ein Geflüster zu hören. Horchend legt er sein Ohr an die Tür – da hört er drinnen ganz deutlich ihre Stimme und kann sich nicht länger halten und reißt in der Eifersucht, die in ihm emporflammt, die

Tür auf und will sehen, wem das Anneken – so hat er sie genannt gehabt – mehr gewahrt als ihm. Als er aber an ihr Bett tritt, sieht er sie im Schein des hellen Wintermondes liegen, wie er sie immer in seinen Träumen gesehen gehabt hat: die Arme über dem Kopfe verschränkt und die schneeige Brust entblößt, aber so allein und einsam wie eine Tote. Zugleich merkt er, daß sie nur im Schlafe redet und die dumpfe Orgel des Nordwinds ihren Traum erfüllt. Wie er sich nun hingerissen über sie beugt und ihm über dem Anblick das Blut zu brausen beginnt, vernimmt er von neuem ihre Stimme, und ein heimlicher Schauer erfaßt ihn, als er ihre Worte hört:

Wat hult die Wohld, wat bruust de See –
kolt is de Newel, un witt is de Snee!"

Unter der Gewalt ihres Traumgesichts aber richtet sie sich auf, die Augen geschlossen und die bleichen Hände abwehrend erhoben.

Da überwindet er die Scheu, die er in sich gespürt hat, umschlingt sie, drückt sie in die Kissen zurück und ruft ihr zu:

„Allens, wat wör, is nu doch vergahn –
min bist du nu, un dat sall bestahn!"

Darüber erwacht sie aus ihrem Traum und erschrickt bis ins tiefste Herz, daß sie sich in seinen Armen findet und er sie belauscht hat.

Ihm aber hat es von dem Augenblick an keine Ruhe mehr gelassen, und schon am nächsten Tage ist er trotz Winterkälte und tiefem Schnee zum Pfarrer geritten, daß er sie als Mann und Frau zusammengebe, hat er doch gemeint, nur so den Zauber ganz brechen zu können, der sie immer noch wieder in seinen Bann geschlagen, hat sich auch weder durch Bitten noch Tränen davon abhalten lassen, die Hochzeit auszurichten und seine ganze Verwandtschaft dazu gebeten. Zuletzt hat sich auch das Mädchen, seltsam still und fremd, in seinen Willen gefügt und nur darauf bestanden, sich ihren Hochzeitsschleier selbst weben zu dürfen und sich darüber in ihre Kammer eingeschlossen.

Am Tag der Hochzeit nun – es ist in der Zeit der dunkelsten Nächte gewesen, in denen der wilde Jäger mit Roß und Hund über die Wälder und Moore braust – hat er nicht wollen, daß sie den Weg zur Kirche zu Fuß hat zurücklegen sollen, und hat den Stuhlwagen aus der Scheune gezogen und seine beiden Pferde davorspannen lassen. Als er aber dann das Mädchen aus dem Hause geholt und sie unter ihrem flatternden Schleier hat auf den Wagen setzen wollen, sind die Pferde scheu geworden und davongerast, bis sie mit dem halbzerschmetterten Wagen im Moore steckengeblieben sind.

Bleich und in Tränen hat ihn seine Braut von neuem gebeten:

„Lat mi gahn, lat mi gahn,
wat du wullt, kann nich bestahn!"

Er aber, finster und mit zusammengebissenen Zähnen, hat den weiten Weg mit ihr zu Fuß angetreten, so daß sie erst gegen den Abend hin ans Ziel gekommen sind.

Dort nun empfängt sie weder Geläut noch Orgelspiel, und in der kleinen Kirche ist alles so tot und düster, als wäre ihr Gewölbe für immer in Nacht und Schweigen getaucht. Nur die ewige Lampe schwankt von dem Winde, der durch die geöffnete Tür in den Kirchenraum stößt.

Unmutig über die neue Verzögerung geht er ins Pfarrhaus hinüber, um Bescheid zu geben, muß aber dort hören, daß der Pfarrer zu einem Sterbenden gerufen worden ist und heute nicht mehr zurückerwartet werden kann.

Da erschrickt er von neuem, will es sich aber nicht anmerken lassen, und wenn ihn das Anneken auch von neuem bittet:

„Lat mi gahn, lat mit gahn,
wat du wullt, kann nich bestahn!"

antwortet er diesmal nur mit einem Fluche darauf, sagt, daß ihm nun alles gleich sei und er ohne den Segen eines Priesters mit ihr Hochzeit halten wolle, leiht sich bei einem Bekannten im Dorfe ein Pferd, zieht seine Braut vor sich in den Sattel und sprengt mit ihr nach Hause.

Als die beiden aber dort ankommen, ist auch nicht einer der Gäste erschienen, die er geladen gehabt hat, das Gesinde in alle Winde zerstoben, und die Festtafel auf der Diele steht unter ihrer weißen Decke und mit leeren Stühlen bleich und gespenstisch in Dunkelheit und Stille. Selbst das Feuer auf dem Herde, das sonst Tag und Nacht gebrannt hat, ist erloschen.

Unter der Gewalt der hallenden Einsamkeit, der er sich überantwortet sieht, stößt er eine höhnische Lache aus und müht sich mit Stahl und Stein, Feuer zu schlagen. Als er aber endlich die Kerzen auf dem Tische angezündet hat, merkt er plötzlich, daß das Anneken nicht mehr bei ihm ist, und macht sich bestürzt und unter einer bangen Ahnung daran, sie zu suchen.

Aber da sieht er sie im flackernden Licht der Kerzen auch schon wieder aus der Kammer kommen, jetzt jedoch mit dem Federgewand bekleidet, in dem er sie vor Monaten über seine Schwelle getragen hat, und, wie aus weiter Entfernung diesmal, klingen wieder ihre Worte zu ihm herüber:

„Lat mi gahn, lat mi gahn,
wat du wullt, kann nich bestahn!“

und lächelt ihm noch einmal zu, schmerzlich und mit einem Ausdruck ihrer heimwehkranken Augen, wie er ihn so noch nie an ihr gesehen hat, und wendet sich und ist davon, kaum, daß er die Türklinke hört.

Erst nach Tagen hat sich das Gesinde, noch immer scheu und verstört, zu ihm zurückgefunden, aber niemand hat es in der Folge lange neben ihm aushalten können, so vergrämt und schweigsam, wie er seine Tage verbracht hat. Nach Jahr und

Tag aber hat er von einer landfremden und blassen jungen Magd, die eine seltsame Ähnlichkeit mit der Entschwundenen gehabt haben soll, ein Kind bekommen, das aber schon nach wenigen Tagen, in einer düsteren und nebligen Nacht, wieder verstorben ist. Ängstliche Gemüter haben gemeint, daß das Nebelweibchen es ihm wohl nicht habe gönnen können und es heimlich zu sich geholt habe. Aber das sind Märchen.

Die Landstraße

Eine Landstraße kenne ich, oben im deutschen Norden, von Birken und Vogelbeeren bestanden, die sich wie ein Wanderlied über die Heide schwingt. Stundenweit geht sie an keinem Hause vorbei. Es ist, als ob man sie vor Jahrzehnten einmal baute, mit Bäumen bepflanzte und dann vergaß.

Immer, wenn ich „Einsamkeit" denke, fällt mit diese Landstraße ein . . .

Es war in einer jener sanften Nachmittagsstunden, in denen der Tag seine erste leise Müdigkeit spürt. Die Sonne ist da, aber ihr Schein ist matt und der Himmel vom Gespinst der Wolken zart verschleiert. Nur daß sein Blau ein wenig blasser ist. Denn jede Stunde des Tages hat ihr Gesicht, ihren eigenen Klang, ihre besondere Melodie, und von Minute zu Minute wandelt sich der Tag.

Die Straße schien bis an den Horizont zu gehen. Ihr Ende, oder war es ihr Ende immer noch nicht, verschwand in einem lichten silbernen Dunst. Nur die Birken standen festlich heiter mit hängenden, leise schwankenden Zweigen, als hätten sie sich selber mit Kränzen geschmückt. Für ein paar Sekunden lebt der Wind in ihnen auf. Aber es ist noch nicht seine Stunde. Ein leichtes Atemholen nur, dann geht er hinter den Ginsterbüschen der alten Sandkuhle wieder schlafen. Erst wenn der Abend kommt, wird er sich wieder erheben. Der Abend ist seine Stunde.

Da streicht ein Vogel über die Straße, bäumt ein paar Birken weiter wieder auf. Leuchtend gelb ist sein Gefieder, als würde ein Strauß von Ginsterbüschen von Baum zu Baum geworfen.

Nun klingt auch sein Ruf, hell wie Flötenton. Vogel Bülo!

Heide, Heide, Heide . . .

Kein Mensch im Himmel und auf Erden. Urzeiten stehen auf . . . Die Heide liegt wie ein Meer, Sanddünen schimmern wie Wogenkämme. Tiefer landeinwärts stehen Machangeln wie eingerammte Pfähle.

Stundenlang gehe ich so.

Heide, Heide, Heide . . .

Die Straße wendet sich jetzt in weitem Bogen, ein Reif aus Silber, grün besteckt.

Ein Bauernwagen kommt. Verloren taucht er aus dem Abend auf. Doch ehe ich ihn erreiche, den Bauern nach dem nächsten Dorfe fragen kann, biegt er schon wieder von der Straße ab, mahlt langsam einen Seitenweg hinauf, verschwindet hinter düsteren Kiefern.

Die Sonne sinkt. Wie hingezaubert, bleich und still, glänzt schon der Mond am Himmel auf, den ersten Sternen Mut zu machen.

Da endlich taucht das erste Haus am Rand der Straße auf. Ein Hund schlägt an. Hoch reckt der Brunnenarm sich in den nächtig stillen Himmel.

Durch die niedrige Seitentür trete ich unters Strohdach. Vom Schein des Flackerfeuers auf dem offenen Herde gelb und rot beschienen, steht der Heidjer. Die Diele schwimmt in blauem Rauch.

Es ist lange her, daß ich die alte Landstraße ging. Aber ich habe sie nicht vergessen. Ich brauche nur „Einsamkeit“ zu denken.

Bitte, beachten Sie auch die folgenden Seiten

WEITERE WERKE VON
WILHELM SCHARRELMANN

Geschichten aus der Pickbalge

192 Seiten, Ganzleinen

„Wer ein Herz fürs Bremische hat, der sollte vielleicht ruhig mal in die Pickbalge eintauchen, denn davon wird ihm dann gewiß warm ums Herz. Die Pickbalge – das ist der Schnoor, wie er einmal war: eine Kleine-Leute-Gegend, in der noch niemand was von sich hermachen wollte. Scharrelmann beschreibt kuriose und anrührende Schicksale. Die Menschen, ihr Tun und ihre Sprache – alles ist stimmig."

WESER-KURIER

Piddl Hundertmark

Geschichte einer Kindheit

ca. 128 Seiten, Ganzleinen
(Erscheint Herbst 1983)

Neben den „Geschichten aus der Pickbalge" ist diese „Geschichte einer Kindheit", erlebt in einer norddeutschen Stadt um die Jahrhundertwende, ein weiteres Werk Wilhelm Scharrelmanns, das sich mit dem Schicksal vom Glück vernachlässigter Menschen beschäftigt, die sich aber „trotz diesem und jenem" ihren Platz im Leben erobern. Ein bei aller Schwere dennoch hoffnungsvolles Buch, vom Autor aufgrund pädagogischer Erfahrungen tief nachempfunden.

Bitte, beachten Sie auch die folgenden Seiten

WEITERE WERKE VON
WILHELM SCHARRELMANN

Geschichten aus der Pickbalge

192 Seiten, Ganzleinen

„Wer ein Herz fürs Bremische hat, der sollte vielleicht ruhig mal in die Pickbalge eintauchen, denn davon wird ihm dann gewiß warm ums Herz. Die Pickbalge – das ist der Schnoor, wie er einmal war: eine Kleine-Leute-Gegend, in der noch niemand was von sich hermachen wollte. Scharrelmann beschreibt kuriose und anrührende Schicksale. Die Menschen, ihr Tun und ihre Sprache – alles ist stimmig."

WESER-KURIER

Piddl Hundertmark

Geschichte einer Kindheit

ca. 128 Seiten, Ganzleinen
(Erscheint Herbst 1983)

Neben den „Geschichten aus der Pickbalge" ist diese „Geschichte einer Kindheit", erlebt in einer norddeutschen Stadt um die Jahrhundertwende, ein weiteres Werk Wilhelm Scharrelmanns, das sich mit dem Schicksal vom Glück vernachlässigter Menschen beschäftigt, die sich aber „trotz diesem und jenem" ihren Platz im Leben erobern. Ein bei aller Schwere dennoch hoffnungsvolles Buch, vom Autor aufgrund pädagogischer Erfahrungen tief nachempfunden.

CARL SCHÜNEMANN VERLAG · BREMEN